Bettina Pöhler

ENDLICH UNENDLICH ERFÜLLT:
DIE KARRIERE DEINES LEBENS

Copyright © 2021
Bettina Pöhler

ISBN 978-3-347-30114-6 (Paperback)
ISBN 978-3-347-30115-3 (Hardcover)
ISBN 978-3-347-30116-0 (e-Book)

Verlag und Druck: tredition GmbH,
Halenreie 40-44, 22359 Hamburg
Umschlagsgestaltung: Mandy Marschner, Berlin
Gestaltung Innengrafiken: Mandy Marschner, Berlin
Lektorat: Tanja Giese, Berlin

Diese Publikation ist in der
Deutschen Nationalbibliothek einsehbar.

Bettina Pöhler

ENDLICH
UNENDLICH
ERFÜLLT

Die Karriere deines Lebens

inklusive Online-Bonus:
Übungen, Videoanleitungen und Impulse

So findest du als Führungspersönlichkeit heraus, was dich beruflich wirklich glücklich macht

Über die Autorin

Bettina Pöhler begleitet Führungs-
frauen in Männerdomänen raus aus
der beruflichen Leere hinein in die
Karriere, die sich wirklich stimmig
anfühlt – für Erfolg auf weibliche Art,
für Sinn, Energie und große Visionen
im Leben.

Die Mutter zweier Töchter ist
zertifiziert als Coach, Speakerin,
Management-Trainerin und Change
Managerin. Sie hat einen Magister-
Abschluss in Anglistik und Kommuni-
kationswissenschaften und ist aus-
gebildete Tageszeitungsjournalistin.

Bevor sie sich 2019 für ihr eigenes Business entschied, arbeitete
sie 15 Jahre lang als Kommunikationsexpertin und Unter-
nehmenssprecherin in verschiedenen (Führungs-)Positionen in
Energie- und Chemie-Branche.

Für meine Töchter Hannah und Lenia,
meine wahren Mentorinnen auf meinem Weg.

INHALTSVERZEICHNIS

7 „Wie setze ich konkret um?"
Dein Karriereplan   159

8 „Wie erkenne ich den nächsten Schritt?"
Deine Reise nach „Impulsien"   169

9 „Und auf einmal fühlt sich alles ganz leicht an!"
Deine neue Freiheit   190

„Die zwei wichtigsten Tage deines Lebens sind der Tag, an dem du geboren wirst, und der Tag, an dem du herausfindest, warum."

Mark Twain, Schriftsteller

VORWORT
Wie du dieses Buch lesen kannst

D ein Leben ist zu kostbar, um es mit Tätigkeiten zu verbringen, die dir nicht entsprechen. Mit diesem Buch möchte ich dich dazu inspirieren, deine Traumkarriere klarzusehen – und dich dafür zu entscheiden.

Dieses Buch ist mehr als ein Karriere-Ratgeber. Es geht um nichts Geringeres als um die Karriere deines Lebens: die Karriere, die mit deinen individuellen Vorstellungen und Wünschen übereinstimmt. Die Karriere, die dir ganz persönlich Sinn schenkt. Die Karriere, die das passende Puzzleteil für dein erfülltes Leben ist. Entsprechend spielt dein Leben in all seinen Facetten in diesem Buch eine entscheidende Rolle.

Du kannst es einfach nur lesen, die Impulse mitnehmen, die dich zum Nachdenken anregen, und dir eine gute Zeit machen. Du kannst dir einzelne Aspekte und Kapitel heraussuchen und für dich nutzen.

Oder du kannst ganz tief einsteigen und dich direkt auf die Reise zu deiner sinnstiftenden Karriere machen. Dazu beantwortest du jede einzelne Frage für dich selbst, am besten schriftlich. Lege dir dafür ein separates Notizbuch zu. Zwischen den Kapiteln machst du ein paar Tage Pause, sodass die einzelnen Kapitelinhalte in deinem Leben wirken können. Die Kapitel bauen so aufeinander auf, dass sich deren Wirkung nach und nach entfaltet – und sich zum Schluss alles zu einem großen Ganzen fügt. Also vertraue auf deinen eigenen inneren Prozess.

Es lohnt sich auch, das Buch mehrfach zu lesen – denn durch die Wiederholungen wirst du immer neue Gesichtspunkte entdecken – und Aspekte tiefer verstehen.

1

Umso intensiver wird dein Erleben, wenn du deine Erkenntnisse handschriftlich festhältst und die Praxisteile nacheinander ganz in Ruhe für dich und ehrlich dir selbst gegenüber umsetzt – und mit dir selbst die Vereinbarung triffst, dich am Ende des Buches für *deinen* individuellen Weg zu entscheiden.

 Du kannst all das noch zusätzlich mit dem Online-Bonusmaterial unterstützen, das ich für dich zusammengestellt habe: www.bettina-poehler.de/buch.

1

„WO BLEIBT DER SINN IN MEINEM TÄGLICHEN TUN?"

Deine Bestandsaufnahme

Ich erinnere mich noch genau an den Tag, an dem ich mir die Frage nach dem Sinn in meinem Alltag gestellt habe. Es ist Herbst 2017, meine erste Tochter ist knapp anderthalb Jahre alt und ich bin seit wenigen Monaten wieder zurück in meinem Führungsjob in der Industrie. Es ist Abend und ich sitze allein in meinem Hotelzimmer in Berlin. Meine erste Dienstreise seit 17 Monaten. Der erste Abend ohne meine Tochter seit ihrer Geburt. Und: mein erster Abend allein mit mir.

Da höre ich sie auf einmal, weil es so still ist. Meine innere Stimme, die mich fragt: „Was ist eigentlich der Unterschied, ob du diesen Job hier machst oder nicht? Könntest du die Zeit nicht viel sinnvoller mit deiner Tochter verbringen?"

Dabei habe ich mich so auf den Job gefreut. Ein Jahr lang bin ich komplett bei meiner Tochter gewesen. Ich habe die Zeit sehr genossen, jedoch in den letzten beiden Monaten der Elternzeit förmlich mit den Hufen gescharrt, endlich wieder arbeiten gehen zu können. Denn jetzt ist doch auch wieder mehr meine Zeit!

Ich bin von der Mami-Sorte: „Der Job gehört zu meinem Leben. Wenn ich endlich wieder arbeiten gehe, tue ich wieder etwas für mich." Mit Aussagen wie: „Warte erst einmal, bis das Kind da ist – das verändert einiges!" konnte ich bisher nichts anfangen. Wirklich nicht. Rückblickend weiß ich, dass das *alles* verändert hat.

Ich beginne zu googeln: „sinnstiftende Arbeit", „Arbeit mit Sinn"... Was ist denn da passiert in diesem Jahr – ohne dass ich es bemerkt habe? Mir ist bewusst geworden, dass ich jeden Tag fast drei Stunden auf der Autobahn verbringe, nur um zur Arbeit und zurückzufahren. Früher ist das *meine* Zeit gewesen. Jetzt ist es auch die meiner Tochter. Ich sitze oft stundenlang in Sitzungen, in denen es um Abstimmungen und Diskussionen geht – nur zu oft aufgrund von Vorgaben mit dem Ergebnis: „Das haben wir immer schon so gemacht."

Ich spüre so sehr: Da ist noch mehr in mir, das raus will. Ich passe hier nicht mehr hin. Ich will mich nicht mehr einfügen. Es ist nicht mehr meine Welt. Ich habe meinen Job in unterschiedlichen Kommunikationsdisziplinen jahrelang sehr geschätzt, Chancen genutzt, meine Karriere akribisch geplant, bin darin aufgegangen. Doch auf einmal ist all das für mich nicht mehr stimmig.

Ich war während der Elternzeit sehr bei mir, habe in den Augen meiner Tochter mich selbst gesehen: Ich habe gesehen, wie sie jeden Tag Neues dazulernt, in ihrem Kosmos die Welt begreift und sie bewegt. Ich sehe auch jetzt jeden Tag, wie ihre Welt größer wird – während meine mir offenbar zu klein geworden ist. Ich will raus!

„Man kann das Leben nur rückwärts
verstehen, aber leben muss man
es vorwärts."
Søren Kierkegaard, Philosoph

Also sitze ich jetzt im Hotel und suche nach Möglichkeiten, meine Arbeit sinnvoller zu gestalten, mache mir Listen, was alles geht, was es zu bedenken gilt. Am Ende dieser zweitägigen Dienstreise steht der Entschluss: Die sicherheitsliebende Frau, die mit Anfang 30 eine Patientenverfügung hatte – ebenso wie einen Bausparvertrag, eine Lebensversicherung, eine Riesterrente, diverse weitere Altersvorsorge-Bausteine, eine private Pflegeversicherung – diese Frau entscheidet sich an diesem Abend entgegen aller Zweifel und Einwände aus dem Kopf für ihr Bauchgefühl und damit für sich selbst. Ich mache mich selbstständig.

Dass genau diese Entscheidung den bisher größten Wendepunkt in meinem Leben mitbringen und mich näher an meinen Lebenssinn heranführen wird, als ich je dachte, ahne ich in diesem Moment noch nicht.

Das ist *mein* Weg. Du musst dich nicht selbstständig machen, um deinen Weg zu finden. Es kann auch der nächste Angestelltenjob oder die nächste Führungsposition sein. Dein Weg ist so individuell wie du selbst. Wichtig ist einzig, dass dein Weg zu dir passt. Dass er dir Sinn gibt. Dass er dich erfüllt. Denn dafür bist du hier auf der Welt: um das Leben zu „er-leben". Mit all seinen Details und Unterschieden.

Jeden Tag stehen dir exakt 86.400 Sekunden Leben zur Verfügung. Jede einzelne Sekunde davon ist ein Geschenk. Du allein entscheidest, womit du diese Geschenke füllst. Es ist dein Leben.

DEIN LEBEN IST DAS ERGEBNIS DEINER ENTSCHEIDUNGEN

Hast du dich schon einmal gefragt, warum dein Leben verläuft, wie es verläuft? Hast du dich schon einmal gefragt, warum manche Menschen scheinbar alles erreichen und anderen offenbar nichts richtig gelingt – und das unabhängig von Ausbildung oder Intelligenz? Und wie du dazu beitragen kannst, dass du bekommst, was dich wirklich erfüllt?

Alle Ergebnisse, die du in deinem Leben bisher erschaffen hast, sind keine Zufälle. Alles im Leben geschieht nach Gesetz. Genauer gesagt nach den Gesetzen des Universums. Sie greifen immer. Das Leben irrt sich nicht. Das ist Physik.

Je mehr du verstehst, wie die Gesetzmäßigkeiten des Lebens und des Universums funktionieren, desto eher kannst du ein selbstbestimmtes Leben erschaffen – und eine Karriere, die zu deinem Leben passt, damit du dein Leben nicht der Karriere anpassen musst. Denn dafür ist es zu kostbar.

Du hast in der Schule eine ganze Menge gelernt – nicht aber, wie die natürlichen Gesetze funktionieren, die dein Leben bestimmen. Die wenigsten Menschen kennen sie überhaupt, und wiederum nur wenige davon wissen, wie sie konkret anzuwenden sind: Das bedarf lebenslanger Übung. Die Gesetze zu verstehen und anzuwenden: Das ist der Schlüssel zu deinem freien Leben und deiner individuellen Entfaltung.

Dieses Buch kann dein Schlüssel sein. Der Schlüssel, der dir die Tür in eine neue Welt öffnet: die Welt der Universums-Gesetze. Es fasst all das zusammen, was ich in den letzten Jahren täglichen intensiven Lernens begriffen habe, wozu ich mich von vielen Mentoren aus den unterschiedlichsten Perspektiven habe inspirieren lassen, was ich jeden Tag tiefer verstehe.

Es beinhaltet die Essenz aus all dem, was mich so sehr in seinen Bann gezogen hat, dass ich es mein Leben lang immer weiter vertiefen möchte. Nicht zuletzt beschreibt es, was ich mit meiner Arbeit voller Leidenschaft weitergebe, um Karrierefrauen mit großen Zielen Mut zu machen, ihre Visionen zu verwirklichen, ihren Traumjob zu erschaffen und ihren für sie sinnvollen Weg zu beschreiten.

Schau dich einmal um in deinem Leben. Alles, was du hast und bist, wie du deinen Alltag gestaltest, mit wem du dich umgibst, welche Qualität deine Beziehungen haben – all das sind die Ergebnisse deiner Entscheidungen. Einige wenige davon hast du bewusst getroffen, die meisten jedoch unbewusst – denn allein an einem einzigen Tag triffst du etwa 20.000 Entscheidungen. Das hat der Hirnforscher Ernst Pöppel, Professor für Medizinische Psychologie, ausgerechnet.

Wusstest du zum Beispiel, dass du dich jeden Tag auch für deine Gefühle entscheidest? Dafür, wie du auf Situationen reagierst? Es mag dir nicht so vorkommen, weil solche Entscheidungen irgendwann zu Mustern geworden sind. Jedoch hast du irgendwann begonnen, diese Muster auszubilden.

Wie reagierst du beispielsweise auf Lob? Freust du dich, bist du verlegen oder schränkst du das Lob ein, weil du dich damit unwohl fühlst? Irgendwann hast du eine Wahl getroffen und handelst inzwischen entsprechend. So geht es mit allen deiner Alltagsreaktionen, die du mittlerweile automatisch und unterbewusst abspulst.

Etwa 95 Prozent deines Lebens werden jeden Tag von deinem Unterbewusstsein gesteuert, nur fünf Prozent laufen bewusst ab. Alles andere wäre extrem anstrengend. Stelle dir nur vor, du müsstest wie ein Kleinkind bei jedem Schritt überlegen, wie du ihn tun musst ...

Das heißt gleichzeitig: Wenn du etwas in deinem Leben ändern möchtest, wenn du andere, größere Ziele erreichen und deine Ergebnisse in einigen Aspekten deines Lebens verändern willst: Dann lohnt es sich, deine unbewussten Programmierungen anzuschauen. Denn sie bestimmen den Großteil deiner Ergebnisse.

Doch wie entstehen deine Resultate? Dafür sind die folgenden drei Komponenten relevant: dein Bewusstsein, dein Unterbewusstsein und dein Körper als Handlungsinstrument.

Dr. Thurman Fleet, amerikanischer Chiropraktiker und Lehrer für Metaphysik, hat für diesen Zusammenhang eine sehr hilfreiche Darstellung entwickelt: ein Strichmännchen. Diese Darstellung wird dir noch an mehreren Stellen in diesem Buch begegnen, weil sie so bestechend einfach ist und dir ein Bild davon liefert, wie dein Verstand als Ganzes mit all seinen Komponenten funktioniert – und warum er so mächtig ist.

Deine Gedanken sind in deinem Bewusstsein. Wiederkehrende Gedan-ken finden den Weg in dein Unterbewusstsein – dorthin, wo auch deine Gefühle ihre Heimat haben. Dein Unterbewusstsein ist zugleich der Teil in dir, der deine Handlungen steuert, sozusagen dein Autopilot.

Den Hauptteil des Tages läufst du auf Autopilot. Das fängt schon am Morgen an, wenn du wie jeden Tag aufstehst, dir die Zähne putzt, frühstückst und zur Arbeit fährst. Die meisten Handlungen davon sind Muster und Gewohnheiten, die du dir nicht jeden Tag neu bewusst machst. Sie sind gelernt. Dein Körper ist das ausführende Instrument deiner Entscheidungen. Durch ihn handelst du. Deine Handlungen bestimmen zu guter Letzt deine Ergebnisse.

Es ist wichtig, diesen Prozess zu verstehen, wenn es darum geht, Ergebnisse in deinem Leben zu verändern. Willst du das nachhaltig schaffen, gehst du den Weg deiner Ergebnisse rückwärts und fängst am Ursprung des Ganzen an: bei deinen Gedanken, die in deinem Bewusstsein sitzen.

Sobald du beginnst, bewusst zu denken und deine gewünschten Gedanken zu wiederholen, bahnen sie sich ihren Weg in dein emotionales Gedächtnis. Auf diese Weise programmierst du deinen Autopiloten so um, wie du ihn gerne hättest. Irgendwann handelst du so, dass du automatisch zu deinem Ziel kommst. Und das ohne größere Anstrengungen – sobald die Arbeit davor erst einmal gemacht ist. Wie du das umsetzen kannst, erfährst du in diesem Buch.

Wenn du das erste Mal mit diesem Thema in Berührung kommst, mag es für dich befremdlich klingen, dein Unterbewusstsein umzuprogrammieren. Doch der Kern ist: In deinem Unterbewusstsein sind zahllose, Jahrzehnte alte Programmierungen enthalten, die du dir zum Großteil nicht selbst ausgesucht hast, weil sie von Überzeugungen aus deinem Umfeld stammen.

Das Bewusstsein von Babys und Kleinkindern ist noch nicht so weit entwickelt, dass es Gedanken aus dem Umfeld als wahr annehmen oder als falsch ablehnen könnte. In den ersten Jahren deines Lebens saugt dein Unterbewusstsein ausnahmslos alles wie ein Schwamm auf, was du wahrnimmst. Seit ich das weiß, bin ich ganz besonders achtsam, was ich meinen beiden Töchtern als Überzeugung mit auf den Weg gebe.

In Bezug auf die Ergebnisse in deinem Leben bedeutet das, dass du dich sicher an vielen Stellen in deinem Leben anhand deines Autopiloten entschieden und entsprechend gehandelt hast, ohne dass die ursprüngliche Idee dahinter dir selbst gehörte.

Als ich das verstanden habe, bin ich hellhörig geworden. Denn ein selbstbestimmtes Leben heißt für mich, so nah wie möglich am eigenen Selbst zu leben. Also darfst du zunächst einmal überprüfen, welche deiner gelernten Überzeugungen du tatsächlich annehmen möchtest, weil sie dir und deinem Lebenssinn dienen – und welche nicht.

Möglicherweise sind die Überzeugungen, die dich bisher aufgehalten haben, deinen wahren Weg zu gehen, nicht ursprünglich deine. Es ist darüber hinaus sehr wahrscheinlich, dass dein individueller und konkreter Herzensweg, der für dich und dein Leben stimmig ist, unter Mustern und Gewohnheiten vergraben ist, die nicht deine eigenen sind.

DEINE GRENZEN SIND
NUR IN DEINEM KOPF

Hast du dich schon einmal gefragt, wer du wirklich bist? Du bist nicht dein Name. Du bist nicht dein Verstand. Du bist nicht dein Körper. Aber wer bist du dann?

Du bist ein Wunder. Im Wesentlichen bist du – wie alles im Universum – reine Energie. Du bist Bewusstsein, das einen menschlichen Körper hat, um Sinneserfahrungen in der Welt zu machen, und einen Intellekt, um das eigene Leben zu gestalten.

Wir sind auf der Welt die einzigen Wesen, die in der Lage sind, ihre Umwelt selbst zu erschaffen. Alle Tiere und Pflanzen passen sich den Umständen an und entwickeln sich entsprechend. Wir können unsere Umwelt selbst kreieren. Wir sind im wahrsten Sinne des Wortes kreative, schöpferische Wesen.

Denn wir sind mit sechs ganz besonderen Geschenken auf diese Welt gekommen – mit unseren intellektuellen Fähigkeiten:

- Vorstellungskraft
- Intuition
- Wille
- Verstand

- Erinnerungsvermögen
- Wahrnehmung

Diese sechs Fähigkeiten sind so etwas wie deine mentalen Muskeln. Wenn du sie ausreichend trainierst, kannst du mit ihrer Hilfe ein Leben unabhängig von den Umständen führen. Das heißt nicht, dass es diese Umstände nicht mehr gibt. Es heißt aber, dass du unabhängig davon jedes deiner Ziele erreichen kannst.

Wie du genau diese Fähigkeiten trainierst, lernst du nicht automatisch in deinem Leben. Denn vorrangig lernen wir alle sehr früh, unsere fünf Sinne zu nutzen und mit deren Hilfe unsere Umwelt einzuschätzen. Wir riechen, schmecken, fühlen, hören und sehen – und nehmen so unsere Umgebung wahr.

Wenn du dich aber nur anhand deiner Sinnesorgane in deine Welt einordnest, bist du zwangsläufig abhängig von den Umständen. Du orientierst dich an dem, was um dich herum passiert. Dein Leben ist dem Wortsinn nach „umständlich".

Das ist die übliche Art, wie die meisten Menschen ihr gesamtes Leben leben. Auch so kannst du gewiss Erfahrungen sammeln.

Doch: Willst du das oder willst du zu deinem wahren Kern gelangen? Willst du vor dich hinleben oder dich erfüllt fühlen mit deiner Karriere – und am besten mit deinem ganzen Leben? Willst du dich in deinen Möglichkeiten limitieren oder willst du mehr vom Leben und hättest unglaubliche Lust, über deinen Verstand hinauszuwachsen?

Willst du arbeiten und fleißig sein, um Geld zu verdienen, oder eine Arbeit ausfüllen, die dir in der Tiefe entspricht? Willst du deine Erfahrungen von aktuellen Umständen abhängig machen oder dir wirklich große Herzensträume erfüllen, um dein Leben zum Abenteuer zu machen? Willst du wachsen und das Leben jeden Tag fühlen? Dann musst du von genau dieser Norm abweichen. Denn die Welt der Sinnes-Wahrnehmung ist eine Welt, die von den Umständen begrenzt ist.

Deine Welt des Bewusstseins, der reinen Energie, ist indes unendlich. Durch dein Bewusstsein ist es dir möglich, dich von deiner menschlichen Natur zu trennen und scheinbar übernatürliche Dinge zu erreichen.

Steuere deine Energie gemäß den Gesetzen des Universums und du steuerst dein Leben. Die Begrenzungen, die dich bis jetzt daran gehindert haben, deine Traumkarriere zu erschaffen, sind folglich nur in deinem Kopf und in deiner bisherigen Logik verankert – nicht aber in deinem Selbst. Du kannst alles erreichen, von dem du ein Bild vor deinem inneren Auge erschaffen kannst. Denn wäre die Idee für dich nicht möglich zu realisieren, könntest du dieses Bild gar nicht erst erschaffen.

Alles in deiner Umgebung, was du wahrnimmst, war zunächst eine Idee, bevor es etwas Greifbares wurde. Alles wird im Leben doppelt erschaffen: erst in Gedanken, dann in seiner tatsächlichen Form. Ob das erste Auto, das Bett, das elektrische Licht oder das Internet: Am Anfang war die Idee, ein ganz konkretes Bild im Kopf einer Person. Dann kam die Verwirklichung.

Lerne, die Gesetze des Universums zu nutzen, und du sprengst deine eigenen Grenzen. Wenn du dir selbst noch nicht vertraust, ob du wirklich erreichen kannst, was du vorhast, leihe dir das Vertrauen in die Gesetze des Universums. Sie gelten für jeden gleichermaßen jederzeit. Das ist unumstößlich.

All das, was dir auf den Weg hilft, habe ich gemäß meinen Erfahrungen in diesem Buch zusammengetragen, um dich zu inspirieren und deinen Mut hervorzuholen. Ja, du kannst deine

Träume verwirklichen und die Karriere deines Lebens erschaffen. Deine Grenzen sind nur in deinem Kopf.

Es ist keine Frage, ob dein Traumjob oder gar dein Traumleben möglich ist. Wenn du über den Verstand hinauswächst und deine schöpferischen Fähigkeiten nutzt, ist es nur eine Frage, *wann* es passiert. Der Weg dahin ist dein Weg des inneren Wachstums, für den es sich immer lohnt, loszugehen. Denn dieser Weg allein trägt Sinn in sich.

ES IST NATÜRLICH, DASS DU UNZUFRIEDEN BIST

Wenn du dich in der Natur umschaust, stellst du schnell fest: Alles wächst. Ausnahmslos. Wenn etwas stirbt, wird diese Energie umgewandelt in fruchtbaren Boden für weiteres Wachstum. Es gibt in der Natur nur Wachstum.

Auch du bist Teil der Natur. Entsprechend wächst auch du ständig weiter. Nur allzu oft ist es jedoch so, dass Menschen sich in ihren Gegebenheiten und ihrem Alltag einrichten und nur noch wenig weiterwachsen, sobald sie „er-wachsen" werden, wie die Sprache es so schön beschreibt.

Bei Kindern ist Wachstum sehr offensichtlich: nicht nur körperlich, auch kognitiv. Sie entwickeln sich unglaublich schnell, überwinden Grenzen und haben klare Ziele. Sie wollen sich verständigen lernen, laufen, Fahrrad fahren, schwimmen, rechnen, lesen, schreiben ... Schau dir allein das erste Lebensjahr eines Babys an: Vom hilflosen kleinen Wesen hin zum brabbelnden Menschlein, das auf zwei Beinen die Welt erobert. Es repräsentiert Wachstum in seiner sichtbarsten Form. Im Erwachsenenalter hingegen ist Wachstum äußerlich ungleich schwerer erkennbar.

Dennoch trägst auch du diese innere Stimme in dir, die dich unentwegt an die eigene Natur erinnert. Manche Menschen überhören sie ein Leben lang. Da du dieses Buch liest, gehörst du gewiss nicht dazu. Diese Stimme ruft dir immer wieder zu: Wachse, wachse. Im Talmud ist dieser innere Ruf in ein wunderbares Bild gekleidet. Dort heißt es sinngemäß: Jeder Grashalm hat einen Engel, der über ihm lehnt und flüstert: „Wachse, wachse."

Sicher kennst du diesen Ruf. Vielleicht fühlst du dich dabei oft schlecht, weil es dir ja „eigentlich" ganz gut geht. Weil du „eigentlich" in deinem Leben schon so vieles hast. Weil du als Kind gelernt hast: „Man muss auch mal zufrieden sein." Vielleicht vergleichst du dich mit anderen Menschen, denen es schlechter geht und möchtest deshalb vom Leben nicht so viel verlangen.

Doch damit unterdrückst du dein Wachstum. Aber du kannst es nicht aufhalten. Es ist deine Natur. Du wächst immer weiter. Wenn du jedoch deine innere Stimme nach Wachstum überhörst, diesen Engel, der dir ins Ohr flüstert: „Wachse, wachse", macht sich dein Wachstum anders bemerkbar. Als Unausgeglichenheit, Unzufriedenheit oder nicht selten sogar in Form von Krankheitssymptomen oder psychischem Ungleichgewicht bis hin zur Depression. Nicht umsonst heißt das Wort „Depression" − „Unterdrückung".

Es ist also deine Aufgabe, ein Teil deines Lebenssinns, zu wachsen und deine volle Größe zu entfalten. Genau deshalb darfst du dein Bedürfnis, den Ruf nach Mehr, nicht nur akzeptieren, sondern ihm auch folgen. Das bedeutet nicht, dass du nicht dankbar sein kannst für alles, was du im Leben erfährst. Im Gegenteil. Dankbarkeit ist der Nährboden für alle Wunder.

Doch dein Leben ist dazu da, dass du dein tiefes inneres Verlangen nach deinem eigenen Weg befriedigst und alle Unzufriedenheit, die dich ruft, annimmst und umwandelst in einen nächsten Schritt.

Deine Unzufriedenheit liegt in deiner Natur. Sie ist zugleich deine Motivation. Sie treibt dich an, mehr aus deinem Leben zu machen, jeden Tag zu nutzen, jeden Tag einen Schritt weiter zu gehen und damit dein einzigartiges Geschenk namens Leben auszupacken und zu gestalten.

Zu diesem einzigartigen Erleben gehört auch deine Karriere. Dein Leben ist zu wertvoll, um es mit einer Tätigkeit zu verbringen, die deinem Kern nicht entspricht. Denn wenn du das tust, wofür du dich begeisterst und wofür du keine weitere Motivation brauchst, wirst du nie mehr arbeiten.

Auf diese Weise wirst du automatisch genau in deiner individuellen Wunschkarriere zum Experten. Weil du deiner Motivation folgst und deine besonderen Gaben nutzt, kannst du damit in der Konsequenz auch richtig gutes Geld verdienen. Dennoch bedarf es Mut, diesen Weg anzutreten – denn du musst dafür deine Logik ändern.

Mit deiner bisherigen Logik wirst du nicht zu deinem Ziel kommen – denn sonst wärst du längst dort. Entwickle deine neue Logik, reprogrammiere dein Unterbewusstsein und folge deinem Herzen. Erlaube deinem Kopf, auch mal still zu sein, um deine Grenzen abzuschalten, und befreie dadurch dein gesamtes Potenzial.

Starte jetzt deine Reise in deine selbstbestimmte Zukunft mit einem Job, der sich nicht mehr wie Arbeit anfühlt, sondern der zu deinem Leben passt und den Sinn stiftet, den du ihm geben möchtest. Mit diesem Buch möchte ich dich Schritt für Schritt bei diesem Prozess begleiten und lade dich ein, mit jedem Kapitel mehr zu wachsen und herauszufinden, was dein ganz individueller Lebensweg ist, der dich erfüllt.

ZUSAMMENFASSUNG

★★ Du hast in diesem Kapitel erfahren, woher deine
★ bisherigen Resultate kommen, wo deine Begrenzungen
liegen und warum da diese innere Stimme ist, die dich immer
wieder anstupst. Willst du jetzt auf deine innere Stimme hören
und in deine erfüllte Karriere starten? Dann startet dein Weg
dorthin mit der Antwort auf diese Frage:

Was willst du künftig aus deinem Leben streichen?

PRAXISTEIL:
SCHREIBE DEINE
„DAS WILL ICH NICHT MEHR"-LISTE

Nach jedem Kapitel gebe ich dir eine meiner Lieblingsübungen an die Hand, damit du deinen Herzensweg zu deiner sinnstiftenden Traumkarriere direkt Schritt für Schritt beschreiten kannst. Denn für Veränderung reicht kein Wissen dieser Welt aus. Deine Veränderung entsteht durch das Erleben und das Tun – in diesem Fall durch deinen inneren Prozess und deinen ersten Schritt.

Du wirst sehen, wie kraftvoll jede einzelne Übung ist, wenn du mit dir selbst vereinbarst, deine ganze Energie hineinzugeben. Die Übungen bauen zum Großteil aufeinander auf und entfalten in Summe ihre volle Wirkung. Du kannst sie so oft wiederholen, wie du willst, wenn du den Prozess intensivieren willst oder unterschiedliche Aspekte bearbeiten möchtest.

Nimm dir ein Notizbuch zur Hand, in dem du alle Ergebnisse der Praxisteile festhalten kannst – oder wenigstens Zettel und Stift.

 Du kannst dir auch die Workbook-Vorlage aus dem Online-Bonusmaterial ausdrucken und deine Notizen dort festhalten: www.bettina-poehler.de/buch.

Behalte deine Ergebnisse so lange, bis du alle Einheiten gemacht hast. Du wirst sie im Verlauf des Buches immer wieder hervorholen. Wenn du die Aufgaben handschriftlich erledigst, sind sie umso wirkungsvoller, weil Schreiben das Hirn ganz anders anregt, als wenn du Buchstaben am Bildschirm abtippst.

In diesem ersten Praxisteil geht es um deine ganz individuelle Bestandsaufnahme und darum, dass du dir bislang Unbewusstes bewusst machst: nämlich welche Resultate in deinem Leben dir nicht dienen.

1. Nimm dir mindestens eine halbe Stunde Zeit, in der du nicht gestört wirst – oder so viel, wie du gerade brauchst und wie dir guttut.

2. Schalte Musik ein, die dich in eine gute Stimmung versetzt und gleichzeitig nicht ablenkt – vielleicht etwas ohne Text. Die Musik sorgt dafür, dass du offen bist für Impulse, die zu der Stimmung passen, die die Musik in dir auslöst. Darum wähle deine Musik gut aus und entscheide dich für Stücke, die deine Lebensfreude wecken, die dir Leichtigkeit verleihen – oder welches Gefühl du auch immer künftig hauptsächlich in dein Leben einladen willst.

3. Gehe jetzt gedanklich durch diese Lebensbereiche:
   • Beziehungen
   • Gesundheit und Wohlbefinden
   • Zeit- und Geldfreiheit
   • deine Berufung, deine Karriere

   Schreibe jetzt einfach drauflos: Was willst du nicht mehr haben? Was davon möchtest du ändern? Was passt nicht mehr zu dem, womit du dein Leben erfüllen möchtest?

4. Mache daraus eine Liste – wenn es geht, von mindestens 20 Punkten pro Bereich. Denn die ersten zehn Ergebnisse sind meist Dinge, die dir bereits bewusst sind, weil dein Kopf sie schreibt. Bisher ist er es, der darauf trainiert ist, auf deine Fragen zu antworten.

   Willst du jedoch die Quelle deines unendlichen Potenzials anzapfen, musst du eine längere Liste schreiben. Denn erst dann bringst du die Ideen zu Papier, die dein Unterbewusstsein dir souffliert, die aus deinem Herzen kommen. Bewerte die Punkte auf der Liste nicht, sondern nimm sie erst einmal nur wahr und schreibe sie auf. Alles kommt zur richtigen Zeit.

5. Bewahre diese Liste auf – du wirst sie später noch einmal brauchen – und gehe in der nächsten Zeit bewusster durch deinen Alltag. Achte darauf und finde heraus, welche Aspekte deines Lebens du wirklich anders haben willst und womit du beginnen möchtest.

Das ist deine Bestandsaufnahme.

2

„FRÜHER WOLLTE ICH ASTRONAUTIN WERDEN ..."

Dein wahres Ich

Das Weltall hat mich schon immer fasziniert. Seit ich denken kann, schaue ich Mond und Sterne voller Bewunderung an. Möglicherweise hängt das auch damit zusammen, dass ich bei Vollmond das Licht der Welt erblickte.

Ich erinnere mich noch genau, wie ich als Kind und Jugendliche an lauen Sommerabenden während der Ferien stundenlang auf der Terrasse saß, einfach nur in den Nachthimmel blickte, mich über jede Sternschnuppe freute und mir vorstellte, dass genau sie gerade eine ganz besondere Botschaft für mich im Gepäck hatte.

Ich habe mich gefragt, wie lange diese Sterne möglicherweise schon nicht mehr existieren, weil ihr Licht zur Erde so lange braucht, dass viele von ihnen nur noch eine Illusion sind.

Nicht selten habe ich meine kindlichen und später jugendlichen Probleme mit dem schier unendlichen Weltall in Relation gesetzt – und sehr schnell waren sie beruhigend unbedeutend.

Als ich zu Weihnachten ein Teleskop bekam, habe ich mich zeitweise in jedem Mondkrater verloren – in mir die stille Sehnsucht, diese ferne Welt irgendwann zu erkunden. Es hatte etwas Meditatives, das mich sehr in meine Ruhe und Kraft gebracht hat.

Ich habe mich mit Horoskopen beschäftigt, im Planetarium die Sterne betrachtet, habe alle Zeitungsausschnitte über Raumfahrt ausgeschnitten und abgeheftet, die mir in die Finger kamen, und Bücher gelesen über schwarze Löcher, weiße Zwerge und rote Riesen, über Galaxien und Sternbilder.

Dahinter lag schon damals mein tiefes Bedürfnis, herauszufinden, welche Rolle ich in diesem unbegreiflich großen Feld an Energie spiele. Ich wollte mehr verstehen über die Verbindung zwischen dem Weltlichen und dem, was es darüber hinaus gibt.

Den Traum, Astronautin zu werden, habe ich irgendwann auf meinem Weg zur Seite gelegt, als mich mein rationales Ich mit Wahrscheinlichkeiten und konventionellen Karriereplanungen konfrontierte. Ich erinnere mich nicht mehr, wann das war – auf jeden Fall war es, bevor ich mir meinen Studienplatz ausgesucht habe.

Die Faszination für das Weltall hat mich jedoch nie losgelassen. Interessanterweise habe ich diesen frühen konkreten Berufstraum viele Jahre unter Planungen, Pragmatismus und unter dem Fokus auf Konventionen vergraben. Es war eben ein Traum, der es bis vor Kurzem nicht geschafft hat, zum Ziel zu werden. Ich habe mich erst vor kurzer Zeit wieder daran erinnert, dass ich Astronautin werden wollte – als ich begonnen habe, dieses Buch zu schreiben.

Meine Verbundenheit mit dem Universum erkunde ich inzwischen seit einigen Jahren auf andere Weise, indem ich mich mit Energien und Bewusstsein auseinandersetze und völlig neue Dimensionen und Zusammenhänge des Lebens entdecke. Eine Lebensaufgabe. Inzwischen klopft jedoch auch mein Kindheitstraum wieder häufiger an und möchte zum Leben erweckt werden. Mein Ziel: Eines Tages mache ich eine

Expedition ins All, um von dort diese völlig andere Sicht auf unsere Erde mit eigenen Augen wahrzunehmen.

Das ist es, was mich in den Bann zieht: der völlig andere Kontext, die Aufhebung von Raum und Zeit, die anderen Auswirkungen physikalischer Zusammenhänge und die Perspektive von heimgekehrten Astronauten, die beschreiben, dass sie die Welt nach ihrem Flug ins All nie mehr so sehen, wie sie sie vorher gekannt haben. Alles ist nichts als bloße Wahrnehmung.

Mein Traum, Astronautin zu werden, hat sehr viel mit der Anbindung an die Unendlichkeit zu tun, an grenzenloses Potenzial und an dieses einzige Energiefeld, zu dem wir alle gehören. Er hat zu tun mit dem großen Ganzen, mit dem wir eins sind, wie das Wort „Uni-versum" verrät: „das in eins Zusammengefasste". Dieser Traum hat zu tun mit der Illusion von Zeit und Raum und mit der linearen und vergleichsweise eindimensionalen Wahrnehmung, die uns in diesem Leben oft in unserer Grenzenlosigkeit einschränkt.

Für mich ist dieser frühe Berufswunsch ein Spiegel meines Seelenrufs. Es ist mein innerer Ruf danach, die übergeordneten Gesetzmäßigkeiten mehr zu durchdringen, mich in Kontext zu setzen und mich selbst zu erfahren.

Nicht umsonst fasziniert mich die Physik dahinter, nach der es die *eine* Realität gar nicht gibt, die wir für unser Leben meist annehmen. Das bedeutet zugleich auch für dich: Wenn nicht unumstößlich real sein kann, welches Leben du führst, kannst du es in jedem Moment ändern.

Sicher hattest auch du einen Kindheitstraum. Wenn du beginnst zu verstehen, welche Dimensionen dahinter liegen, kannst du umso besser die Karriere deines Lebens erschaffen.

DEIN INNERER RUF:
DEIN SINN IM LEBEN UND IM BERUF

Hast du dich schon einmal gefragt, warum du hier bist, worum es dir wirklich im Leben geht?

Vielleicht hast du dir diese Frage mit einem anderen Bewusstsein schon gestellt, als du klein warst. Zu einer Zeit, in der du noch unmittelbar an deine Fantasie angebunden warst, die zugleich die Türe öffnet zu unendlichen Möglichkeiten.

Was wolltest du werden, als du klein warst? Warum? Was genau hat dich daran fasziniert? Egal, ob es aus aktueller Sicht verrückte Ideen waren: Sie enthüllen deinen wahren Kern, wenn du dich traust, dahinter zu schauen.

Was ist für dich ganz persönlich dein Sinn im Leben? Was willst du bewirken, wer willst du sein? Welche Herausforderungen hat dir dein Leben bisher gegeben und was hast du daraus gemacht?

Antworten auf diese Fragen bekommst du leichter, wenn du dir vorstellst, dass du in der letzten Stunde deines Lebens auf dein Leben zurückschaust und dich fragst: Wie hätte dein Leben ausgesehen, wenn du es rückblickend noch einmal gestalten könntest? Wie willst du dich selbst in diesem Moment in der Zukunft am liebsten beschreiben? Wie nehmen die Menschen, die dir am nächsten stehen, dich und dein gelebtes Leben wahr?

„Deine Vergangenheit ist Geschichte.
Deine Zukunft ein Geheimnis.
Und jeder Augenblick ist ein Geschenk."
unbekannter Ursprung

In meinem Verständnis ist der Sinn des Lebens zu leben und zu wachsen. In jeder Sekunde. Du hast nur diesen Moment. Was vergangen ist, ist vergangen. Was Zukunft ist, kannst du jetzt nicht leben – davon abgesehen, dass du nicht weißt, wie viel Zukunft dir geschenkt wird. Doch dieser eine, jetzige Moment ist ein Geschenk. Darum heißt die Gegenwart auch „Präsens" – „Geschenk". In jedem Moment erschaffst du dir deine Zukunft – durch deine Entscheidungen und Handlungen.

Für mich ist der Sinn des Lebens auch, sich aus der Liebe heraus selbst zu erkennen und diese Liebe in die Welt zu tragen. Die Berufung zu leben und den Traumjob zu erschaffen bedeutet in meiner Welt, dem inneren Ruf zu folgen und das Leben mit Leben selbst zu füllen. So lebst du „er-füllt" anstatt dich einzufügen in Festlegungen, die dir nicht entsprechen.

Dein Leben ist ein großes Abenteuer. Es wirklich zu leben deine Aufgabe. Und zwar für dich selbst. Nicht für andere. Nicht um des vielen Arbeitens willen. Nicht für wohlklingende Titel. Sondern für das, was *dich* ganz individuell erfüllt und ausmacht.

Wenn dein Alltag bestimmt ist von Aufgaben und Listen und E-Mails und Tun und du deswegen keine Zeit mehr für das findest, was du eigentlich machen möchtest, wenn du den ganzen Tag eins nach dem anderen erledigst und dich am Abend als allerletztes um dich selbst kümmerst – dann lebst du nicht im Moment. Dann bist du in Gedanken vermutlich ständig beim nächsten Punkt, den es abzuarbeiten gilt. Vielleicht hast du es dir sogar schon zur Gewohnheit gemacht, möglichst viel zu schaffen. Nur: Dabei vergisst du das Leben.

Wenn du dich häufig sagen hörst: „Ich habe keine Zeit!" Dann ist genau *jetzt* der Moment, innezuhalten, damit du dir vergegenwärtigen kannst, welche Zukunft du dir mit genau dieser ausgesprochenen Überzeugung erschaffst. Es ist eine

Zukunft, in der du tatsächlich keine Zeit für dich hast: Denn was du aussendest, kommt zu dir zurück. Das ist Gesetz.

Stattdessen kannst du dir sagen, dass ein bestimmtes Projekt oder ein bestimmter Punkt auf deiner Liste gerade keine Priorität hat. Damit sendest du das Signal aus, dass *du* die einzige Instanz bist, die über deine Zeit entscheidet. Denn genau so ist es. Ob es sich im Moment so anfühlt oder nicht: Dein Leben liegt allein in deiner Verantwortung. Immer.

Es ist sicher nicht dein Ziel, dein gesamtes Leben im Abarbeitungsmodus zu verbringen. Es lohnt sich nicht, das Geschenk der wertvollen 86.400 Sekunden jeden Tag in Dinge zu investieren, die du nicht gern tust.

Es geht darum, dass du selbst bestimmst, was du mit deiner Zeit überwiegend machst – und wie du dich selbst in dieser Zeit wahrnimmst. Denn die Perspektive entscheidet. Damit kannst du jeder Sekunde Sinn schenken, auch wenn sie auf den ersten Blick überhaupt nicht sinnvoll erscheint. Wie du deine Wahrnehmung gezielt nutzen und trainieren kannst, wirst du im vierten Kapitel „Dein inneres Genie" noch näher erfahren.

So viel schon vorweg: Natürlich wird es immer wieder Momente geben, in denen du Sachen einfach nur erledigst. Gleichzeitig werden auch diese Momente wertvoller, wenn du ihnen die Energie ihres Zwecks schenkst.

Wenn du also das nächste Mal Kartoffeln schälst, kannst du das grummelig tun – oder dich auf den Genuss freuen, den du dir damit ermöglichst. Wenn du eine Rechnung überweist, kannst du dich ärgern, dass das nötig ist – oder dich über den Gegenwert freuen, den du bekommst.

Hinter jedem Umstand steckt ein Geschenk. Manchmal ist es versteckt, manchmal offensichtlich. Doch es ist immer da. Je mehr du deine Wahrnehmung darauf trainierst, das Geschenk zu finden, desto mehr Geschenke wirst du entdecken. Je mehr du entdeckst, desto gelassener wirst du. Je gelassener du wirst, desto mehr Raum lässt du für wunderbare Überraschungen, die du mit Scheuklappen im Stressmodus niemals bemerken könntest.

Erst wenn du dir im Klaren bist, was du in deinem Leben erreichen willst, kannst du diese Klarheit auch auf deine Karriere übertragen. Was willst du bewegen? Was tust du besonders gern? Wofür fragen dich die Menschen um Rat? Was fällt dir leicht?

So findest du heraus, was dich wirklich antreibt. Sobald du dem nachgehst, was dich von innen heraus motiviert, gibst du deinem Tun Sinn und hast Freude an dem, was du tust. Weil du wiederum Freude hast, wirst du darin immer besser – umso leichter kannst du damit auch Geld verdienen. Die Klarheit steht folglich am Anfang – und das Geld folgt der Freude.

Mit diesem Konzept wird in meiner Wahrnehmung auch die Idee der Rente hinfällig – ebenso wie die der Work-Life-Balance. Ich kann mir nicht vorstellen, in Rente zu gehen. Ich brauche auch keine ausgewiesene Work-Life-Balance. Denn mein Job gehört zum Leben, er erfüllt mich. Ich kann daran wachsen, jeden Tag dazulernen, was mich am meisten interessiert, ich kann meine Kreativität ausleben und vor allem Menschen unterstützen.

Ich kann und will mir nicht vorstellen, das irgendwann nicht mehr zu tun. Denn es ist für mich keine Arbeit im belastenden Sinne, sondern wahre Freude, meine „Be-stimmung": die Tätigkeit also, die „stimmig" ist mit meinem Sein.

Eine erfüllte Karriere orientiert sich nicht an Umständen. Du erschaffst sie dir. *Du* legst fest, was *du* willst. Dann schaust du danach, welcher Job zu dir passt. Du bist der alleinige „Bestimmer" für dein Leben. Nur du kannst spüren, ob sich etwas für dich stimmig anfühlt.

Genauso kennst auch nur du die Antworten auf deine Fragen. Denn dein Herzensweg, zu dem auch dein Traumjob gehört, ist so einzigartig wie du selbst. Die Fragen, die du dir selbst stellst, sind zugleich ein Spiegel deines Ich, das an unendliches Potenzial angebunden ist. Das bedeutet: Für alles, was du fragst, trägst du bereits eine Antwort in dir – sonst könntest du diese Frage nicht stellen.

Es geht nun darum, die Verbindung zwischen Kopf und Herz, zwischen Verstand und Gefühl, zwischen Bewusstsein und Unterbewusstsein herzustellen und damit in Balance zu kommen. Dann kannst du alles erschaffen, was in dir schlummert und dein gesamtes Potenzial befreien.

Genau dafür besitzt du deine intellektuellen Fähigkeiten, die dich in deine Geniezone bringen, sobald du sie trainierst. Mehr Details dazu folgen in Kapitel 4: „Dein inneres Genie".

DAS KIND IN DIR: ERLAUBE DIR, AUCH HEUTE NOCH ZU WACHSEN

Wusstest du, dass du schon einmal wissenschaftlich belegbar ein Genie warst? Dass dein Gehirn auf dem Level eines Genies operiert hat? Du warst dieses Genie, als du das Licht der Welt erblicktest. Denn Babys sind genial. In den ersten beiden Jahren arbeitet ihr Gehirn auf Genie-Niveau. Babys lernen in Windeseile. Die italienische Ärztin und Reformpädagogin Maria Montessori hatte die Theorie, dass Kinder in ihren ersten drei Lebensjahren lernen und erfahren, wofür Erwachsene mit ganz viel Anstrengung wohl 60 Jahre bräuchten.

Das Baby-Gehirn ist entsprechend strukturiert, die Gehirnzellen arbeiten unabhängig voneinander, die Verknüpfungen zwischen ihnen werden erst noch geschaffen. So ist für Babys noch alles möglich – und nichts gegeben. Zudem können sie auch noch nicht zweifeln. Sie probieren aus, sie lernen, sie saugen alles auf.

Wenn du mal mit einem Kleinkind Memory gespielt hast, merkst du sofort, wie genial ihre Gedächtnisleistung ist. Kleinkinder sind in diesem Spiel fast unschlagbar. Meine größere Tochter merkte sich schon mit vier Jahren nach wenigen Malen Vorlesen ganze Bücher im kompletten Wortlaut und konnte sie fehlerfrei wiedergeben.

In Malaysia ist es nicht unüblich, dass Kinder im Alter von vier Jahren schon vier Sprachen fließend sprechen – und niemanden wundert es, weil es dort gang und gäbe ist.

Doch irgendwann im Kleinkindalter verschwindet dieser Geniestatus bei den meisten nach und nach in der Box der Bewertungen, Vergleiche und Begrenzungen von außen. Die „Alles ist möglich"-Energie verringert sich, der feste Glaube an unlimitierte Fähigkeiten wird immer öfter erschüttert.

Spätestens im Schulalter fokussieren sich die meisten Kinder auf den Vergleichs- und Fehlermodus – unterstützt vom Bewertungs- und Notensystem. Die Anbindung an das unendliche Potenzial, das universelle Bewusstsein, wird immer schwächer, weil der Verstand als Hauptinstrument dient, um die Welt zu begreifen und erklären.

Damit wird ein wesentlicher Teil des menschlichen Potenzials ausgeblendet: das Herz als Energie- und intuitives Entscheidungszentrum.

Im Erwachsenenalter leben fast alle Menschen ihr Leben „umständlich". Umstände bestimmen Entscheidungen, anstatt dass Entscheidungen Umstände bestimmen. Das hemmt das Wachstum – und damit gleichzeitig die Lebensfreude. Denn um zu wachsen sind wir hier.

Ein Kind lebt hingegen im Moment. Im Jetzt. Wenn auch unbewusst. Kleine Kinder sind deshalb die wahren Lehrer. Je mehr es dir also gelingt, deine kindliche Fantasie und deine kindlichen Fähigkeiten wieder zu wecken und dich an dein kindliches Ich zu erinnern, desto näher rückst du an deinen Lebenssinn und an deine Berufung heran.

Lass dich von Kindern ermutigen. Wenn ein Baby das Laufen lernen will, fällt es wieder und wieder hin. Jedes Mal steht es wieder auf und versucht es erneut – bis es klappt. Scheitern kommt überhaupt nicht in Frage. Kein Baby könnte je denken: „Ok, das scheint nicht zu funktionieren, ich bin wohl einfach nicht gedacht als Mensch, der läuft."

Für Kinder ist Wachstum das obere Ziel. Das ist sehr deutlich sichtbar. Im Erwachsenenalter geht es vor allem darum, im Bewusstsein zu wachsen. Das ist nicht unmittelbar sichtbar.

Während Kinder ihre intellektuellen Fähigkeiten bestens zu nutzen wissen, haben es Erwachsene weitgehend verlernt, weil sie stattdessen gelernt haben, sich an der Umwelt zu orientieren, anstatt sie selbst zu erschaffen.

Ein Kind kann in einem Moment Prinzessin sein und im nächsten ein Pirat. Es gibt keine Grenzen. In Wahrheit kannst auch du jeder sein, der du sein willst. Denn alles, was du vor deinem geistigen Auge erschaffen kannst, kannst du auch realisieren. Du kannst dich selbst erschaffen – sobald du dich selbst erkennst. Also: Wer willst du sein?

REFLEKTIERE DEIN SELBSTBILD: WER WILLST DU SEIN?

Hast du dir schon einmal die Frage gestellt, wer du bist? Hast du schon einmal darauf geachtet, wie du dich selbst siehst? Dein Selbstbild ist ein entscheidender Faktor für deinen Herzensweg. Wie der amerikanische Chirurg Maxwell Maltz sagte: „You can never outperform your self-image." Das bedeutet frei übersetzt: Du kannst niemals mehr erreichen, als du dir selbst zutraust.

Maltz arbeitete als Schönheitschirurg in den USA und stellte fest, dass seine Operationen auf viele seiner Patienten einen enormen Effekt hatten: Durch ihr verändertes Äußeres stieg bei vielen das Selbstwertgefühl, einige veränderten ihre Persönlichkeit sogar nahezu komplett zu sehr selbstbewussten und von innen heraus strahlenden Menschen.

Bei anderen wiederum konnte auch das vermeintlich optimierte Äußere nichts am Lebensgefühl ändern. Das kommt ausschließlich von innen. Das waren Menschen, die Maltz als „innerlich vernarbt" beschrieb, deren Selbstbild sehr negativ war.

Seine Erfahrungen und Untersuchungen hat Maltz in dem Buch „Psycho Cybernetics" sehr ausführlich beschrieben. Die Quintessenz: Das eigene Bild von dir selbst entscheidet über dein Leben.

Wie du dich selbst siehst, bestimmt, was du in deinem Leben erreichen kannst. Dein Leben und alles, was dir darin begegnet, ist der Spiegel deines Selbstbilds. So ist es nur logisch, dass du nur etwas verändern kannst, wenn du nicht an äußeren Umständen herumdokterst, sondern mit deinem Inneren beginnst. Schließlich cremst du auch nicht den Spiegel ein, wenn

du dich morgens darin betrachtest und trockene Haut feststellst
– denn das würde nichts ändern.

Du kannst langfristig nur Änderungen in deinem Leben
erreichen, wenn du dir sehr genau anschaust, wie du dich selbst
siehst. Wie sprichst du mit dir selbst? Was traust du dir zu? Wie
oft ärgerst du dich über dich selbst? Wie fair bist du mit dir?
Wenn Fairness bedeutet, dass du dich für jeden Fehler einmal
ärgerst, bist du sehr wahrscheinlich unfair mit dir selbst. Wie oft
machst du dich klein, wenn du etwas in deinen Augen falsch
gemacht hast? Wie oft wiederholst du, dass es dumm war,
diesen einen Fehler gemacht zu haben? Wie oft erzählst du
vielleicht auch anderen davon und durchlebst die Situation aufs
Neue? Wie oft fühlst du dich schlecht deswegen?

Dein Ich glaubt dir jedes Wort. Wahrscheinlich bist du mit dir
selbst strenger als mit jedem anderen Menschen in deinem
Umfeld. Das geht sehr vielen Menschen so. Doch: Du darfst dich
groß sehen. Du darfst dich auch selbst loben. Wenn dein Leben
sinnerfüllt sein soll, beschenkst du dich damit, jeden Tag ein
bisschen mehr du selbst zu sein, jeden Tag ein bisschen mehr
Liebe zu schenken – auch dir selbst.

Dein Selbstbild bestimmt deine Ausstrahlung – und was du
ausstrahlst, kehrt gemäß der Universums-Gesetze zu dir zurück.
Also achte darauf, welche Energie du aussendest
– denn damit erschaffst du deine Zukunft.

> *Das Sicherste im Leben ist,*
> *du selbst zu sein.*

Deine Lebensumstände spiegeln sehr
genau im Außen wider, wie du dich im Innen
selbst siehst. Du hast mit deinem Selbstbild so etwas wie einen
eingebauten Ergebnis-Regler – also einen Standard, der deine
Resultate steuert wie ein Thermostat die Raumtemperatur.

Erhältst du kurzzeitig signifikant bessere Ergebnisse, ohne dass du jedoch deine Sicht auf dich selbst änderst, wirst du sie durch kurzfristig schlechtere Ergebnisse ausgleichen. So kommst du im Durchschnitt wieder an den Punkt, auf den dein innerer Regler eingestellt ist. Darum gelingt es Lotto-Millionären in der Regel nicht, Millionäre zu bleiben – sie haben ihr Selbstbild nicht auf das Millionärsbewusstsein angehoben.

Das Geniale daran ist: Wenn du einmal verstanden hast, wie du dein Thermostat bewusst höher regelst, anstatt kurzzeitig die Raumtemperatur anzupassen, passt du deinen persönlichen Lebensstandard an. Diese Änderungen sind permanent – solange du sie nicht erneut so tiefgreifend veränderst. Das funktioniert, indem du deine unterbewussten Programmierungen auf dein gewünschtes Programm einstellst – durch Wiederholungen und Einfühlen in das, was du in dein Leben ziehen möchtest.

Es bedarf also einer sehr genauen Anpassung der Sicht auf dich selbst, um wunderbare Änderungen in dein Leben einzuladen.

Sobald du beginnst, dich dauerhaft selbst anzunehmen und zu schätzen, öffnest du dich für mehr und größere Möglichkeiten. Genau damit erhöhst du mehr und mehr deine Schwingung. Denn ob du es siehst oder nicht: Du sendest in jeder Sekunde eine ganz bestimmte Schwingung aus, die das Energiefeld bestimmt, das dich umgibt. Das ist messbar und spürbar. Denn auf welcher Frequenz du schwingst, verraten dir deine Gefühle.

Sobald du dich selbst mehr annimmst, kannst du zugleich auch andere Menschen mehr annehmen, mehr Menschen erreichen und so deinen Beitrag in der Welt leisten.

Also: Wer bist du aktuell – und wer willst du sein? Wie möchtest du dich selbst wahrnehmen? Was willst du ausstrahlen, was willst du damit bewirken?

Welche Menschen bewunderst du und warum? Wie sind diese Menschen? Welche Fähigkeiten, welche Mimik, Gestik, welchen Habitus, welches Charisma ziehen dich an? Was davon gehört zu deinem Wunsch-Ich?

Erinnere dich an dich selbst als Kind: Wer wolltest du sein und warum? Je näher du an die Eigenschaften und Fähigkeiten herankommst, die dich ursprünglich ausgemacht haben, desto näher kommst du deinem wahren Weg. Denn nur allzu oft werden Kindern Vorlieben oder Eigenschaften abtrainiert, weil sie gerade nicht angesagt sind: zu laut, zu leise, zu aktiv, zu passiv, zu schnell, zu langsam, zu bunt, zu grau ...

Doch wenn es im Leben darum geht, dass du einfach du bist und mit deinen einzigartigen Fähigkeiten im Moment lebst, um zu wachsen und andere Menschen damit zu begeistern, dann darfst du genau diese ureigenen Charakterzüge und Eigenheiten wieder hervorholen.

Auf diese Weise gelingt es dir, als die Person zu leben, die du wirklich bist und sein willst. Ab dann fühlst du dich nicht mehr fremd in der Welt und kannst Sinn stiften mit deinem authentischen Ich.

ZUSAMMENFASSUNG

★★
 ★ In diesem Kapitel hast du gelernt, welche Rolle dein Kindheitstraum für deine erfüllte Karriere spielt und dass es im Grunde genommen darum geht, dich an dich selbst und deinen wahren Kern zu erinnern. Also:

Wer bist du wirklich?

PRAXISTEIL:
REAKTIVIERE DEIN WAHRES ICH

In diesem Praxisteil begibst du dich in das Feld deines unendlichen Potenzials. Es ist eine Einladung, dein wahres Ich zum Leben zu erwecken. Es geht nicht darum, irgendeine fiktive Person zu skizzieren, die nicht deinem Selbst entspricht. Sondern es geht darum, dass du dich daran erinnerst, wer du wirklich bist, was dich ausmacht und wovon du wieder mehr in deinem Leben zulassen willst. Dazu musst du auch nicht lange in alten Mustern graben, sondern kannst direkt vom Ziel ausgehend denken.

1. Schau dir in den nächsten Tagen Menschen an, die dich faszinieren, die Vorbilder für dich sind, und nimm wahr, was diese Menschen in deinen Augen besonders macht, was dich anspricht. Das können Menschen aus deinem unmittelbaren Umfeld sein, aber auch Menschen, die du aus der Öffentlichkeit kennst. Welche Anteile gehören auch zu dir?

2. Nimm dir Zeit für dich, in der du ungestört mit ein wenig Musik dein neues – genau genommen dein wahres – Ich erschaffst. Das funktioniert wie folgt:

3. Mach dir dazu eine Liste, in der du festhältst, wer du sein willst – und zwar ausgehend davon, was dir entspricht und stimmig mit dir ist. Du spürst, wenn dein Herz hüpft beim Gedanken an genau diese neue Version von dir selbst. All die Eigenschaften, die Charakterzüge, der Habitus – alles passt zu dir, wobei du etwas empfindest. Denn Gefühle können nur entstehen, wenn in deinem Unterbewusstsein dazu eine Resonanz entsteht.

Schreibe alle Punkte im Präsens auf, um deinem Unterbewusstsein zu suggerieren, dass du bereits diese Person bist („Ich bin ...", „Ich habe ...", „Ich mache ...").

Wer ist dein Wunsch-Ich? Wie verhältst du dich in deiner neuen Identität? Wie sieht dein Alltag aus? Welche Charakterzüge machen dich aus? Mit welchen Menschen umgibst du dich? Wie kleidest du dich? Wie bewegst du dich? Was leistest du dir? Was erfreut dich? Wie sprichst du? Welche Gestik macht dich aus? Welche Mimik? Bist du extrovertiert oder zurückhaltend? Hast du gern viele Menschen um dich oder genießt du es, bei dir selbst zu sein? Liebst du die Bühne oder die Couch? Oder beides, je nachdem?

Höre nicht auf zu schreiben, bevor deine Liste 50 Punkte hat – denn es sollte so konkret wie möglich sein.

4. Im nächsten Schritt markierst du alle Punkte, die du schon jetzt sein kannst. Du wirst überrascht sein, wie viele das sind.

5. Nun suche dir drei Aspekte heraus, mit denen du beginnen möchtest, sie umzusetzen. Und zwar ab sofort. Am besten sind das Dinge, die dich besonders aus deiner Komfortzone locken, zu denen du ein Gefühl entwickelst mit der Mischung aus Aufregung und Freude.

6. Achte in der nächsten Zeit genau darauf, was diese Veränderungen mit dir machen, welche Reaktionen sie in deinem Umfeld hervorrufen und vor allem: Wie du dich damit fühlst – denn dein Gefühl ist der wahre Gradmesser dafür, ob dieses Ich deinem Selbst entspricht.

7. Wenn du die ersten Aspekte verinnerlicht hast, mache weiter mit den nächsten drei. Bis du dein wahres Ich geweckt hast und wirklich fühlst.

Damit hast du deine wahre Identität definiert und begonnen, sie zu erwecken. Du kannst deine Liste natürlich jederzeit ergänzen, ändern, anpassen – und so immer näher an das herankommen, was dich im Kern wirklich ausmacht.

 Im Online-Bonus findest du noch eine weitere Übung, wie du dein Selbstbild stärkst: www.bettina-poehler.de/buch.

3

„ICH HATTE MAL SO GROßE TRÄUME ..."

Deine Herzensvision

Komm mit mir auf eine kleine Zeitreise zu diesem einen Tag in meinem Leben, der mir sofort ins Gedächtnis schießt, wenn ich an meine frühen Ideen zu meiner Traumkarriere denke.

Ich bin etwa zwölf Jahre alt, als ich mich mit meinem Papa eines Abends auf der Bettkante in meinem Zimmer sitze und mit ihm über das Leben nachdenke. Er fragt mich: „Was willst du beruflich einmal machen?" Ich überlege: „Einen Doktortitel würde ich gern machen. Aber eigentlich, eigentlich bin ich einfach nur dankbar dafür, dass der liebe Gott mir so viel mitgegeben hat, dass ich so viel kann, dass ich so viel lerne. Eigentlich glaube ich, dass ich hier bin, um es weiterzugeben. Ich möchte damit die Welt besser machen, Menschen helfen."

Sogleich erscheinen damals Bilder vor meinem geistigen Auge: von einer Hilfsorganisation, von mir als helfende Hand. Gleichzeitig sehe ich mich auf Bühnen, während ich mit Worten die Welt bewege. Einen Unterschied zu machen auf der Welt, Menschen zu begeistern und zu motivieren: Das ist das, wofür ich im Herzen angetreten bin. Mein zwölfjähriges Ich weiß das ganz genau. Nur habe ich es irgendwann vergessen. Oder es als vermessen abgetan und in der Ecke abgestellt. Es brauchte die Geburt meiner Tochter Hannah, dass ich mich wieder daran erinnern konnte.

Was sind deine großen Träume? Woran kannst du dich erinnern?

SHOPPE IM UNIVERSUM

Die Möglichkeiten im Universum sind grenzenlos – auch für dich. In jedem Moment kannst du zwischen zahllosen Möglichkeiten wählen. Der Grund, warum dein Leben vermutlich meist eher einförmig verläuft, ist einzig, dass du deine Entscheidungen auf Basis von Erfahrungen und automatisch triffst – das bedeutet, du reproduzierst deine Vergangenheit. Löst du dich davon, kannst du deinen Weg sofort umlenken, indem du andere Entscheidungen triffst.

Lass dich darauf ein und reise in dein Ich. Was sind deine großen Träume? Vielfach bekomme ich auf diese Frage die erstaunliche Antwort: „Ich weiß gar nicht, ob ich so etwas überhaupt habe." Meine feste Überzeugung ist: Jeder hat große Träume. Auch du. Falls sie dir nicht direkt vor dem geistigen Auge erscheinen, hast du sie sehr wahrscheinlich unter Überzeugungen vergraben, die ihnen entgegenstehen.

Wie oft hast du schon Dinge gehört wie: „Man kann im Leben eben nicht alles haben." Oder: „Das Leben ist kein Wunschkonzert." Oder: „Man muss auch mal zufrieden sein." Wahrscheinlich sogar von den Menschen, die dir am allernächsten stehen und dir das aus Liebe und eigenen Erfahrungen heraus mit auf den Weg geben wollten, um dich vor Enttäuschungen zu bewahren.

Nur: Wenn solche Sätze es sich in deinem Unterbewusstsein gemütlich eingerichtet haben, lassen sie deinen Träumen irgendwann keine Luft mehr zum Atmen – und sie werden still. Doch ersticken werden sie nie. Denn deine Träume erinnern dich an dein Wachstum. Sie sind deine Natur und deshalb immer da. Sie melden sich zuverlässig immer wieder – wie der Engel, der laut Talmud auf jedem Grashalm sitzt und ihn anspornt zu wachsen.

Die für dich entscheidende Frage ist: Bist du bereit, deine Träume zu hören? Vielleicht hast du Angst davor, was sie dir erzählen könnten – und übertönst sie deshalb mit deinem Alltagsrauschen. Doch sobald du bereit bist, wirst du sie hören. Dafür hilft Stille. Denn Stille bringt Klarheit und Zugang zu deinem Ursprung.

Sei nicht streng mit dir, wenn das nicht auf Anhieb funktioniert. Erlaube dir Zeit. Vielfach sind Träume so tief vergraben, dass es ein wenig dauert, bis sie wieder sichtbar werden. Frage dich immer wieder: Was will ich wirklich? Irgendwann bekommst du Ideen und Bilder. Du kannst auch beginnen, deine Träume über das Ausschlussprinzip zu wecken, indem du Klarheit bekommst, was du *nicht* willst – und daraus dann deinen Gegenentwurf zu zeichnen.

Dabei kann dir auch das folgende kleine Gedankenexperiment helfen. Lass dich darauf ein und aktiviere deine zahllosen Möglichkeiten, indem du dir die entscheidende Frage stellst: Wenn *alles* möglich wäre, wie sähe dein Leben dann aus? Oder umgedreht: Wenn du *nichts* falsch machen könntest, wie würdest du dann leben, was würdest du tun? Schicke jedes „Aber" dabei wieder zurück und gehe voll in deine Vorstellungskraft.

Stelle dir das Universum wie ein riesiges Shoppingcenter vor, in dem du *alles* kaufen kannst: deine liebsten Beziehungen, deine Gesundheit, deine Zeitfreiheit, deine Geldfreiheit, deine Alltagstätigkeit. Du hast unendlich viel Budget und dein Einkaufswagen ist so groß, dass du ihn niemals füllen kannst. Die Regale sind prall gefüllt, wirklich *alles* ist verfügbar: deine Traumreisen, dein Lieblingsjob, deine Lieblingsmenschen, dein großartigstes Ich.

Jetzt gehe shoppen, sodass dein Herz vor Freude hüpft. So viel du willst und was du willst. Shoppe, was dir wirklich entspricht.

Nimm dir Zeit dafür, schreibe es in dein Notizbuch – und beginne, dein Traumleben zu kreieren. Fokussiere dich auch auf deine Karriere. Wie sieht sie aus? Was genau lädst du in deinen Einkaufswagen? Wie lange arbeitest du jeden Tag? Wie viel Geld verdienst du? Was leistest du dafür? Mit welchen Menschen umgibst du dich?

Es ist wichtig, dass du jegliche Begrenzungen und Umstände bei dieser Gedankenübung außen vor lässt. Nur so entdeckst du deine wahren Sehnsüchte. Wie du sie anschließend in eine Form bringst und startest, darum kümmerst du dich später. Hier darfst du einfach spinnen, fantasieren, groß und größer denken.

„Würdest du mir bitte sagen,
***wie ich von hier aus weitergehen soll?"** –*
„Das hängt zum größten Teil davon ab,
wohin du möchtest!"
Die Grinsekatze zu Alice
in „Alice im Wunderland" von Lewis Carroll

Warum? Weil du ein „ver-rücktes" Ziel brauchst. Eins, das deinem bisherigen rationalen Denken entrückt ist. Eins, das dich wirklich anspornt. Eins, das nicht gewöhnlich ist. Es geht um nichts weniger als um deine sinnstiftende und erfüllende Karriere. Sie soll dich lebendig machen, damit sich deine Arbeit nie mehr wie Arbeit anfühlt, sondern einfach deiner Natur entspricht. Damit du leicht und befreit dein Leben leben und dich selbst entdecken kannst.

Die Mehrzahl der Menschen hat kein klares Ziel vor Augen, sondern lebt tagein, tagaus ihr Leben so, wie es eben kommt. Und es kommt eben so, wie es in der Vergangenheit immer schon kam. Der Autopilot ist am Werk. Wenn du jedoch bewusst durchs Leben gehen und es selbst erschaffen möchtest, beginnt alles mit einem klaren Zielbild.

Dein Gehirn hat ein eingebautes Instrument, das wie ein Navigationsgerät funktioniert: dein retikuläres Aktivierungssystem (RAS). Es führt dich zu dem Ziel, das du eingibst. Es filtert für dich die abertausenden Eindrücke jeden Tag auf der Basis deiner Zieleingabe und zeigt dir den Weg dorthin. Die Dinge, denen du das meiste Gefühl schenkst, sind diejenigen, auf die dein RAS die meiste Energie lenkt. Sie akzeptiert es als dein Ziel – und führt dich dorthin. Auf diese Weise weist es dich hin auf Möglichkeiten und Gelegenheiten, die zu deiner Zieleingabe passen. Kommst du vom Weg ab oder fährst in die falsche Richtung, ist ständig diese penetrante Stimme da, die freundlich, aber bestimmt sagt: „Wenn möglich, bitte wenden." Doch sie führt dich zum Ziel.

Dein RAS bewertet dabei nicht. Lenkst du folglich die Energie auf das, was du *nicht* willst und legst dort besonders viel Gefühl hinein, führt es dich auch genau dorthin. Dementsprechend ist es sehr entscheidend, welches Ziel du verfolgst und wofür du am meisten Leidenschaft empfindest.

Gleichzeitig heißt das: Wenn du nichts in dein Navigationsgerät eingibst, dann ist es nutzlos. Du bist orientierungslos – mal abgesehen von den Wegen, die du bereits „er-fahren" hast.

Übertragen auf dein Bewusstsein bedeutet das: Nutzt du deine Gedanken nicht bewusst und zielgerichtet, führt dich dein Autopilot immer nur in vergangene Erfahrungen – und dein Leben wird vorhersehbar und eintönig.

Darüber hinaus ist wichtig, dass du das Ziel so genau wie möglich beschreibst. Gibst du in dein Navi nur „Italien" ein, wirst du schon mal eine grobe Richtung bekommen. Doch irgendwann sagt dir das System: „Sie haben Ihr Ziel erreicht." Wenn du jedoch eigentlich nach Rom wolltest und nicht nach Mailand, wirst du dich sicher fragen, warum dieses blöde Gerät für dich mal wieder nicht funktioniert hat. Doch genau wie dein

Gedächtnis funktioniert es sehr zuverlässig. Für Bedienfehler kann es nichts.

Es darf noch genauer werden. Denn selbst innerhalb von Rom gibt es noch ordentliche Unterschiede. Am besten programmierst du im übertragenen Sinne dein Gedächtnis-Navi auf Ort, Straße, Hausnummer und sogar Stockwerk und Raum – denn Wohnzimmer und WC sind ja nun auch wieder recht verschieden.

Kurz: Dein Ziel darf immer konkreter werden – und es darf wachsen. Erstmal in die grobe Richtung loszulaufen funktioniert eine Zeitlang gut. Wichtig ist, dass du später spezifischer wirst. Dabei hilft dir die Macht der Bilder.

NUTZE DIE MACHT DER BILDER UND GREIFE NACH DEN STERNEN

Bilder sind unglaublich kraftvoll. Du denkst in Bildern. Deine Vorstellungskraft ist eine deiner intellektuellen Fähigkeiten, die dir ermöglicht, im wahrsten Sinne des Wortes geniale Ergebnisse zu erzielen. Das Wichtigste dabei: Dein Bewusstsein unterscheidet nicht zwischen dem, was du dir vorstellst, und dem, was wirklich passiert.

Du kannst dir folglich in Gedanken und Bildern deine gewünschte Realität erschaffen, bevor du sie tatsächlich erreicht hast, und deinem Unterbewusstsein suggerieren, du seist bereits am Ziel. Damit fütterst du dein emotionales Gedächtnis mit deinem gewünschten Ziel, deiner Traumkarriere, deinem Traumleben – mit der Folge, dass es dich automatisch dorthin steuert, solange du emotional mit diesen Bildern verbunden bleibst und dir selbst glaubst, dass du das Ziel erreichen kannst.

Bilder sind der Ursprung. Alles, was es in deinem Leben gibt, wurde in Bildern in deinem Kopf geboren, bevor es sich manifestiert hat: dein aktueller Job, deine Beziehungen, deine Wohnumgebung. Wahrscheinlich hast du das meist nicht bewusst wahrgenommen.

Du hast erfahren, dass Bilder Emotionen hervorrufen. Du kannst das zum Beispiel spüren, wenn du einen Film oder die Nachrichten anschaust oder dich an Situationen in deinem Leben erinnerst, die sehr emotional waren. Hirnscans verraten, dass dieselben Areale in deinem Gehirn stimuliert werden, als wenn du in diesem Moment die entsprechenden Situationen tatsächlich durchlebst. Dein Gedächtnis macht da keinen Unterschied.

Emotionen steuern wiederum dein Handeln. Darum ist es entscheidend, welche Bilder du in deinem Kopf erzeugst. Du kannst deine Vorstellungskraft einfach unbewusst arbeiten lassen – oder du kannst sie nutzen, um dir dein sinnhaftes und bewusstes Leben zu erschaffen. Du entscheidest.

Wenn es dir so geht wie den meisten Menschen, dann nutzt du deine Vorstellungskraft bislang oft im Zusammenhang mit negativen Bildern. Deine Vorstellungskraft spinnt Situationen weiter, die nicht gut enden. Das ruft Sorgen und Ängste hervor – und das wiederum entfernt dich immer weiter von deinem Ziel.

Anstatt dir selbst Angst und Sorgen zu machen, indem du deine Vorstellungskraft auf Umstände reagieren lässt, kannst du dir auch vorstellen, was und wohin du willst. Es ist deine Wahl. Aber es bedarf einiger Übung. Wie mit jedem Muskel, der trainiert werden will, ist es auch mit deiner Vorstellungskraft. Je besser sie ausgebildet und mit deinen Zielbildern synchronisiert ist, desto mehr ist für dich möglich.

Dein Gedächtnis ruft den ganzen Tag lang automatisch Bilder hervor. Bei jeder Unterhaltung, bei jedem Gedanken – es entstehen immer Bilder. Es ist wie eine Suchmaschine in deinem Kopf: Du gibst durch Gedanken oder Worte etwas in die Suche ein – und sofort spuckt dein Bewusstsein für dich passende Bilder aus. Das kannst du gar nicht verhindern.

Deine Bilder werden andere sein als meine. Denn deine Suchmaschine macht sich deine individuellen Vorstellungen und auch Erfahrungen zunutze. Wenn du an eine Haustür denkst, hast du vermutlich direkt deine eigene im Kopf, wenn du an ein Auto denkst, vielleicht das, das dich am meisten anspricht. Beides wird sich stark von dem unterscheiden, was sich jemand anders darunter vorstellt.

**Die magische Schlussfolgerung:
Du kannst *alles* kreieren,
wozu du ein Bild vor
dem geistigen Auge hast.**

Das mag dir schwerfallen zu glauben, wenn du das erste Mal mit dieser Idee konfrontiert wirst. Doch ob du es glaubst oder nicht: Die Gesetzmäßigkeiten des Universums funktionieren. So oder so.

Dein Bild von deiner Traumkarriere verstärkt sich durch die Integration deiner anderen Sinne, mit denen du deine Umwelt einordnest. Deine einzelnen Bilder rufen vielleicht spezifische Gerüche oder Geräusche hervor – oder sogar einen bestimmten Geschmack oder ein Gefühl.

Ob das elektrische Licht, das Flugzeug, das Internet: All das waren zunächst Bilder im Kopf. Deren Schöpfer sind oft genug für verrückt erklärt worden. Doch sie wussten insgeheim: Die einzigen Grenzen, die wir haben, sind die, die wir uns selbst setzen. Sobald du ein Bild im Kopf hast und dazu ein starkes

Gefühl entwickelst, beginnt dessen Kreation. Allerdings musst du offen für die Möglichkeiten sein, die dir dann geboten werden – und sie nutzen. Dann kannst du nach den Sternen greifen.

ENTFACHE DAS FEUER IN DIR MIT EINEM „VER-RÜCKTEN" ZIEL

Willst du ein Leben erschaffen, in dem du der Tätigkeit nachgehst, die du liebst, in dem du in Leichtigkeit und Freude im Moment lebst und damit deinem Leben Sinn gibst, gehört eins zwingend dazu: Motivation. Es geht darum, dass du ein Leben gestaltest, in dem du mit Begeisterung tust, was du tust. In dem du dein inneres Feuer entfachst. Dann wird es dir nie an Energie fehlen.

Auch im Wort „Motivation" begegnet dir wieder das Bild, das „Motiv". Deine Bilder im Kopf sind folglich ein entscheidender Faktor für deine Motivation.

Wie weckst du dieses innere Feuer? Indem du dir ein möglichst klares Zielbild erschaffst. Dabei ist die Zielkategorie entscheidend.

Eine Möglichkeit ist es, deine Ziele in drei verschiedene Kategorien zu unterteilen: das A-Ziel, das B-Ziel und das C-Ziel.

Das A-Ziel ist ein Ziel, das du bereits einmal erreicht hast und dir einfach noch einmal zum Ziel setzt. Das kann zum Beispiel ein Einkommen sein oder eine bestimmte Stelle. Also etwas, von dem du den Weg dorthin bereits kennst.

Dein B-Ziel ist ein Ziel, das etwas größer ist als das, was du bereits erreicht hast: ein etwas besserer Job, ein etwas höheres Einkommen. Etwas, das du als realistisch ansiehst und von dem du dir ausrechnen kannst, wie du es erreichen kannst. Das ist die Zielkategorie, in der die meisten Menschen ihre „realistischen" Ziele setzen.

Sowohl das A- als auch das B-Ziel sind allerdings keine Ziele, die das Feuer in dir entfachen – denn sie bedürfen keiner großen Änderungen. Du musst deine Logik dafür nicht anpassen und dein Bewusstsein nicht erweitern. Sie liegen innerhalb oder sehr nah an deiner Möglichkeits- und Komfortzone und bergen allenfalls einen kleinen Fortschritt. Sie berücksichtigen alle Begrenzungen, die du dir selbst auferlegst.

Doch richtig motiviert springst du morgens erst aus dem Bett, wenn du ein Ziel hast, von dem du nicht weißt, wie du es erreichen kannst. Eins, das dich anspornt, über dich hinauszuwachsen. Eins, das deinen inneren Ruf nach Wachstum stillt und somit im Einklang mit deiner Natur ist. Das ist ein C-Ziel.

„Das Unmögliche zu schaffen, gelingt einem nur, wenn man es für möglich befindet."
Der verrückte Hutmacher
in „Alice im Wunderland" von Lewis Carroll

Ein C-Ziel ist ein – nach gängiger Logik – wirklich abgedrehtes Ziel. Denn erst das sorgt dafür, dass du deine gesamten genialen Fähigkeiten aktivieren musst, um dorthin zu gelangen. Du benötigst Unterstützung aus dem Feld der unendlichen Möglichkeiten. Auf dem Weg dorthin entdeckst du das wahre Leben. Von Langeweile keine Spur.

Die Botschaft dahinter: Denke groß, wenn du deine Bilder erschaffst. Gehe danach, was dir wirklich entspricht und gib dich nicht mit einem Ziel zufrieden, in das du Limitierungen eingepreist hast. Das hast du vermutlich schon viel zu lange gemacht. Willst du das Leben in all seiner Fülle erleben und wirklich an dir selbst wachsen: Mache es groß. Richtig groß. Trau dich, deine Großartigkeit zu reaktivieren, mit der du einst in dieser Welt angetreten bist.

Wenn jetzt Zweifel aufkommen: Das ist normal. Darum kümmerst du dich später. Doch jetzt gilt erst einmal: Erschaffe dir dein individuelles Zielbild, das dich richtig aufleben lässt. Dafür bist du auf der Welt. Das gibt dir wirklich Sinn.

ZUSAMMENFASSUNG

★★ In diesem Kapitel habe ich skizziert, warum es sich lohnt,
★ Begrenzungen loszulassen und Ziele zu setzen, die dich aus deiner Komfortzone locken, und wie dir Bilder bei der Zielsetzung helfen können. Setze nun um:

Wie sieht deine Vision konkret aus?

Praxisteil:
Erwecke deinen Traum zum Leben

Du hast jetzt deine Herzensvision entwickelt. Nun geht es darum, ihr richtig Kraft zu geben, ihr Leben einzuhauchen, damit du dich emotional mit ihr verbinden kannst. Denn sobald du die Gefühlsverbindung zu deinem Ziel hast, steuerst du dein Unterbewusstsein in Richtung deines Ziels. Wenn du dich täglich mit deiner Vision verbindest, programmierst du dein inneres Navi auf dein Ziel. Dafür ist dieser Praxisteil gedacht.

Zuvor darfst du Altes loslassen, um dich ganz auf das Neue zu fokussieren. Hole also zunächst deine Bestandsaufnahme aus Kapitel 1 hervor, schaue sie dir ein letztes Mal kurz an. Trenne sie aus deinem Notizbuch heraus und mit der Energie deines Zielbilds zerreiße – oder noch besser – verbrenne sie. All das, was dir nicht mehr dient, darf nun gehen und deinem wahren Ziel weichen. Das Universum duldet kein Vakuum. Es wird den entstandenen Platz mit dem Zukunftsbild füllen, das dich wirklich erfüllt. Jetzt bist du bereit.

1. Nimm dir dein Notizbuch und schaue dir an, was du bei deiner Shoppingtour durch das Universum aufgeschrieben hast. Wenn du noch nichts niedergeschrieben hast, hole das jetzt nach.

2. Beschreibe dein Zielbild in den Bereichen Gesundheit, Beziehungen, Zeit- und Geldfreiheit und Berufung bzw. Karriere jetzt so konkret wie möglich. Nutze dafür immer die Gegenwartsform und möglichst viele bildliche Beschreibungen. Setze dabei für diesen Moment den Schwerpunkt auf das Thema Karriere und beschreibe diesen Aspekt besonders ausführlich und detailliert.

Du kannst dir die Zielbild-Kreation vorstellen wie ein Haus, das du baust. Du wirst nicht nur einen Raum errichten, sondern alle Räume planen. Es wird aber sicher einen Raum geben, der dir aktuell am wichtigsten ist und um den du dich als erstes kümmerst. Den planst du umso genauer und richtest ihn als erstes nach deinen Wünschen ein. Dieser Raum ist zunächst der der Karriere – denn darum geht es in diesem Buch.

3. Im nächsten Schritt hast du verschiedene Möglichkeiten, aus denen du wählen kannst, um deine Vision zum Leben zu erwecken und ihr richtig Kraft zu verleihen. Alle haben eins zum Ziel: Gib ihr echte Bilder.

Suche dir aus, welche der drei folgenden Ideen dir am meisten entspricht, und fang einfach an. Es muss nicht perfekt sein. Die Hauptsache ist, dass du etwas umsetzt. Perfektion hält dich nur vom Handeln ab – und ohne Handlung keine Ergebnisse.

- *Variante 1: Dein Visionboard*
  Suche nach (Symbol-)Bildern von Ereignissen, Menschen, Dingen und Situationen, die du mit deinem Zielbild in Verbindung bringst – zum Beispiel aus Zeitschriften oder aus dem Internet. Gestalte dir eine Collage daraus – entweder ausgedruckt oder digital – und bringe sie an einem Ort an, an dem du sie häufig wahrnimmst. Das kann dein Büro sein oder dein Schlafzimmer oder digital zum Beispiel dein Bildschirm- oder dein Handyhintergrund.

- *Variante 2: Deine Vision als Hörbuch*
  Schreibe dir deine Vision möglichst bildhaft auf und nimm sie als Audiodatei auf. Sprich im Präsens, so als hättest du dein Ziel bereits erreicht. Höre dir dieses

„Hörbuch" jeden Tag an und fühle dich damit in dein Ziel ein. Wähle deshalb eine Länge, die du problemlos jeden Tag anhören kannst. Zwischen zwei und 15 Minuten sind meine Empfehlung.

- *Variante 3: Dein Lebensfilm*
Wenn du technisch affin bist und Freude daran hast, suche dir Bilder oder Filmschnipsel heraus, die deine Vision darstellen, zum Beispiel aus dem Internet. Schneide dir deinen eigenen Lebensfilm zusammen. Nutze Bauchbinden, in denen du im Präsens dein Ziel beschreibst – so etwas wie: „Ich unterstütze Menschen auf der ganzen Welt" oder „Ich verdiene mit Leichtigkeit Geld". Je nachdem, was zu dir und deiner ganz individuellen Idee deines Lebensfilms passt. Hinterlege ihn mit Musik, die dich in gute Stimmung versetzt, und schaue ihn jeden Tag an. Auch hier wähle eine Länge, die dir das ermöglicht. Ich empfehle dazu etwa fünf Minuten.

4

„WAS, WENN ICH SCHEITERE?"
Deine Ängste, Sorgen, Zweifel –
und wie du sie loswirst

Es ist Herbst 2017. Unmittelbar nach meiner entscheidenden Dienstreise nach Berlin beginne ich in guter alter Kopfmensch-Manier mein neues Vorhaben zu planen: mein eigenes Unternehmen.

Klar ist: Ich will das! Klar ist auch: Es kommen immer wieder Zweifel vorbei. Hinzu kommt: Ich habe mich bis vor wenigen Wochen noch nie mit diesem Gedanken auseinandergesetzt. Alles neu. Alles aufregend. Manchmal macht es mir zugegebenermaßen auch ein wenig Sorge. Schließlich gebe ich einiges auf: immerhin eine Karriere, die ich bis zum jetzigen Zeitpunkt sehr akribisch durchgeplant, ja sogar gestylt habe, die mich konventionell betrachtet richtig schnell richtig weit gebracht hat. Das soll ich wirklich zurücklassen?

Doch die innere Stimme spricht nicht mehr nur, sie schreit förmlich: „Jaaaa!" Weil sie so laut geworden ist, und weil ich im Grunde weiß, dass ich mich auf sie verlassen kann, gehe ich also voran.

Ich habe eine einzige Freundin in meinem Umfeld, die nicht angestellt ist. Als sie sich vor einigen Jahren selbstständig machte, hatte ich ihr Mut zugesprochen: „Weißt du, ich würde mich das niemals trauen. Aber ich höre ja auch heraus, wie sehr du Lust darauf hast. Darum weiß ich auch, dass es gut wird. Also wenn du mich fragst: Mach's, wenn es dich so sehr ruft."

Jetzt stehe ich am selben Punkt. Das „niemals trauen" ist plötzlich passé. Aber wirklich springen? Da zögere ich noch. Diese Freundin bietet mir an, gemeinsam auf meine Zweifel zu schauen. So sitzen wir in ihrem Arbeitszimmer vor einem noch leeren Flipchart und sie stellt mir die entscheidende Frage: „Was kann schlimmstenfalls passieren?" – „Kein Geld", ist meine spontane Antwort. „Was passiert dann? Und was dann?". So geht es immer weiter. Von Antwort zu Antwort.

Letztlich komme ich für mich auf den Trichter: Egal, was passiert, ich werde *immer* eine Lösung finden. Immer. Mein Traum ist mir richtig viel wert. Ich lasse nicht zu, dass meine Begrenzungen ihn ruhigstellen. Denn ich fühle, dass mir das nicht guttut. Der Traum darf jetzt in mein Leben. Er ist nicht gekommen, damit ich ihn träume. Er ist gekommen, damit ich ihn verwirkliche.

Das Flipchartpapier von diesem Tag habe ich heute noch. Inzwischen fühle ich umso mehr: Ich vertraue mir. Doch ich gebe zu: Der Weg dorthin war am Ende dann doch ein wenig länger und steiniger, als die Erkenntnisse aus diesem Flipchart-Moment vermuten ließen. Denn es gab noch die ein oder andere unerwartete Abzweigung – hinter der jedes Mal zugleich ein großes Geschenk wartete.

„ICH KANN DOCH NICHT ETWAS GANZ NEUES ANFANGEN!"
Dein Mut-Rezept

Ich beginne nach dem Treffen mit meiner Freundin, meine Selbstständigkeit zu planen. Zunächst fokussiere ich mich auf das, was ich mir im bisherigen Berufsleben schon für viele Jahre aufgebaut habe: Expertise im Kommunikationsbereich. „Warum sollte ich meine Erfahrungen verschenken? Da mache ich es mir doch einfach."

Doch beim Schreiben des Businessplans stelle ich fest: Dafür brenne ich gar nicht mehr. Immer wieder spricht ein anderes Thema zu mir: Frauen in Führungspositionen. Dafür will ich meinen Beitrag leisten. Schließlich habe ich da mehr als ausreichend Erfahrungen gesammelt. Ich verschlinge Bücher und Fachliteratur über das Thema, setze mich Abend für Abend nach getaner Arbeit mit den biologischen, neurologischen und sozialen Unterschieden zwischen Männern und Frauen auseinander und verknüpfe dieses Wissen mit dem Thema Digitalisierung. Ich hole mir bei Coaches in unterschiedlichen Bereichen Abkürzungen und wachse so jeden Tag mehr.

Seitdem begleite ich erfolgreiche Frauen im männerdominierten Businesskontext, die unzufrieden in ihrer Führungsposition sind und dort den Sinn vermissen, auf dem Weg zu ihrem nächsten, stimmigen Karriereschritt. Für die Karriere, die zu ihrem Leben passt, damit sie nicht länger das Leben dem Job anpassen.

Das ist *mein* Weg. Das ist *mein* Ziel.

Ich höre deine Zweifel,
weil es auch mal meine waren.

Was ist *dein* wahres Ziel? Ich höre deine Zweifel, weil es auch mal meine waren. Warum solltest du eine Karriere aufgeben, die du mühsam aufgebaut hast? Warum solltest du all deine fachliche Expertise über den Haufen werfen, um etwas ganz Anderes zu tun? Oder: Welche Bausteine deiner bisherigen Karriere kannst du überhaupt noch für deinen nächsten stimmigen Karriereschritt nutzen?

Jede einzelne deiner Erfahrungen bringt dich weiter, lässt dich wachsen. Nichts von dem, was du bisher getan hast, war vergeblich. Und ja, einen neuen Weg einzuschlagen, erfordert Mut. Vor allem, wenn es möglicherweise sogar ein Weg ist, der ganz anders ist als das, was du bisher getan hast.

Alles, was du tust, wie du lebst, wer du bist: Alles ist *deine* Entscheidung. Niemand kann sie dir abnehmen. Das bedeutet, du *solltest* gar nichts tun. Du darfst. Du darfst in dich hineinhören, eine wörtliche „In-spektion" machen („hinein-schauen") und dich für ein Leben entscheiden, das dir den Sinn gibt, den du erleben möchtest. Das ist das, was das Leben besonders und lebenswert macht.

Das Leben ist ein Abenteuer, wenn du es verstehst, es zu einem zu machen. Dein Leben ist das Leben, in dem du einerseits Kontrolle abgibst und gleichzeitig am Steuer sitzt. Nur du bist verantwortlich für dein Leben – ob dir das bewusst ist oder nicht.

Es geht nicht darum, auf Zehenspitzen durchs Leben zu gehen, um am Ende erleichtert festzustellen, dass du niemandem auf die Füße getreten bist. Es geht darum, deine Größe zu entfalten, dein Potenzial zu befreien und deine Flügel auszubreiten. Das ist Leben. Und das fühlt sich auch so an.

Sobald du bewusst lebst, wird dich jede Abzweigung umso mehr erfüllen. Denn sobald du selbst zum Weg wirst, gibst du jedem Moment deines Lebens Sinn, jeder der 86.400 Sekunden am Tag.

Ich plädiere für eine gesunde Form von Kontrollverlust.

Das Leben entfaltet sich in der Unsicherheit. Denn all das, was sicher erscheint, fühlt sich nur aus einem Grund sicher an: Du hast bereits erfahren, dass es dich nicht umbringt. Deine Erfahrungen geben dir Sicherheit. Deine Erfahrungen sind jedoch deine Vergangenheit.

Also: Willst du deine Zukunft selbst gestalten, anstatt dich ausschließlich an Vergangenem zu orientieren? Willst du alle Möglichkeiten nutzen und dein volles Potenzial entfalten, anstatt dich weiter zu begrenzen? Dann darfst du Unsicherheit wählen.

Zur Beruhigung: Diese Unsicherheit fühlt sich nur für dich unsicher an, weil sie außerhalb *deiner* bisherigen Grenzen liegt. Du hast noch nicht erfahren, dass dich dein Vorhaben, endlich deinen Traumjob zu erschaffen, deine Berufung zu leben und damit Sinn zu stiften, genauso wenig umbringen wird wie deine bisherige Wahl.

Es sei denn, du wählst einen Traumjob, in dem du jeden Tag tatsächlich dein Leben aufs Spiel setzt, Abenteurer sein willst oder bei dem du abenteuerlustig mit wilden Tieren zusammenlebst.

Vermutlich gibt es bereits Menschen, die in der vermeintlichen Unsicherheit leben, die du anstrebst, und denen es damit prächtig geht. Oder?

Deine erfüllte Zukunft ist Wachstum. Der nächste Wachstumsschub liegt zwangsläufig außerhalb deiner bisherigen Erfahrungen, außerhalb deiner Komfortzone. Und außerhalb deiner Komfortzone gibt es nur eins: gefühlte Unsicherheit.

Mit dieser Unsicherheit geht auch Kontrollverlust einher. Du gibst die Kontrolle über das „Wie" auf. Darüber, wie du zum Ziel kommst. Du kennst den Weg nicht. Würdest du ihn kennen, wärst du schließlich längst dort. Die universelle Macht, die Großartigkeit in dir und dein Ich, das angebunden ist an unendliches Potenzial, können dir den Weg zeigen. Er wird dich überraschen, weil er neu sein wird. Auch dein Ziel ist neu. Doch du wirst den Weg nur erfolgreich bis zu deinem Ziel beschreiten, wenn du Unsicherheit annimmst, Kontrolle abgibst und Überraschungen zulässt.

Du kannst dich nur vom Leben überraschen lassen, wenn du nicht weißt, was als Nächstes kommt. Schließlich kannst du dich auch nicht selbst kitzeln, weil du immer weißt, was passiert. Nur jemand anders kann dich kitzeln, weil du in dem Moment keine Kontrolle darüber hast, was als Nächstes geschieht.

Du kannst Magie und Wunder erst erleben, wenn du das Wie nicht planst. Du kannst nur über dich hinauswachsen und dich neu erfinden, wenn du deine bisherigen Grenzen verlässt und damit die Unsicherheit in dein Herz schließt. Das erfordert eine gute Portion Mut.

ENTFALTE
DEINEN ALLTAGSMUT

Was ist Mut? Mut ist, etwas zu tun, dessen Ausgang du in deiner bisherigen Logik nicht abschätzen kannst, weil du noch keine Erfahrung damit gemacht hast. Daher bedeutet Mut für dich etwas anderes als für andere Menschen – denn deine Erfahrungen sind einzigartig.

Bei Mut geht es nicht unbedingt darum, lebensbedrohliche Extrem-Leistungen zu vollbringen. Sehr viel häufiger geht es im Leben um Alltagsmut. Den brauchst du ständig, wenn du ein sinnhaftes Leben mit dazu passender Karriere erschaffen willst. Alltagsmut bedeutet, dass du beginnst, anders zu denken und zu handeln als die Norm – und zwar nicht konditioniert, sondern unabhängig. Nicht gekoppelt an äußere Umstände, sondern gekoppelt an dein Zielbild in deinem Kopf, das noch niemand sehen kann. Nicht gekoppelt an deine Sinne, sondern gekoppelt an deine wahren Fähigkeiten.

Alltagsmut ist, an dein Ziel so sehr zu glauben, dass es dir egal ist, was die anderen dazu sagen. Alltagsmut bedeutet auch, darauf zu vertrauen, dass dein Weg dich automatisch ans Ziel führt, wenn du die Universums-Gesetze für dich nutzt. Alltagsmut heißt, dass du nicht *mehr* tust, um mehr zu erreichen – sondern dass du das Richtige tust.

Alltagsmut bedeutet auch, mit deinem Herzensjob und deiner Berufung raus in die Welt zu gehen, obwohl du nach außen eigentlich schon alles hast. Alltagsmut bedeutet, dir ein Leben lang Wachstum und neue Erfahrungen zu erlauben. Alltagsmut bedeutet, dich zu zeigen, wie du bist, auch wenn sich andere daran stören, weil es in ihren Augen nicht bescheiden genug wirkt. Du bist nicht hier, um bescheiden zu sein.

Das Gegenteil von Mut in diesem Sinne ist nicht Angst, sondern Konformität. Wenn du handelst und denkst, wie „man" es eben so macht, kannst du keinen Mut entfalten. Geschweige denn dein volles Potenzial. Dann gelangst du nicht zu deinem wahren Kern. Dann reagierst du auf Umstände, anstatt zu agieren und dir Gelegenheiten zu schaffen. Du orientierst dich folglich nicht an dir, sondern an der Masse.

Mut ist zugleich die Schwelle, die du überwinden musst, um deine kreative Energie freizusetzen, um neue Ergebnisse zu erreichen und ein Gefühl der Fülle zu erfahren. Alle Gefühle, die auf einer höheren Frequenz schwingen als Mut, sind diejenigen, die dir ermöglichen, wunderbare Gelegenheiten zu sehen und zu nutzen.

Sobald du deine innere Klarheit hast, sobald du weißt, wohin du steuerst und sobald du spürst, dass du es schaffen kannst, kannst du deinen Alltagsmut befreien. Dann entscheidest du frei und aus deinem inneren Selbst heraus. Das ist Mut. Eine wichtige Rolle dabei spielt, dass du beginnst, aktiv und zielgerichtet zu denken.

AKTIVIERE DIE KRAFT
DEINER GEDANKEN

Die meisten Menschen denken nicht. Das ist auf den ersten Blick eine provokante These. Auf den zweiten jedoch enthüllt sie die Antwort darauf, warum nur wenige Menschen im Leben alles erreichen, was sie sich vornehmen, während andere weit hinter ihren Möglichkeiten zurückbleiben.

Zweifelsohne hat jeder Mensch Gedanken, zigtausend jeden Tag. Das bedeutet allerdings nicht, dass jeder denkt. Viele Gedanken kommen und gehen wie von selbst, werden aufgrund von Prägungen, Ereignissen oder Umständen automatisch hervorgerufen.

Aktives Denken bedeutet, dass du dir die eigenen Gedanken bewusst machst und unabhängig vom Außen diese Gedanken für die eigenen Ziele steuerst. Es bedeutet, die Gedanken zuzulassen, die hilfreich sind, und diejenigen wegzuschicken, die deinem Ziel nicht dienen. Wenn du das tust, nutzt du deine Gedanken wie einen Muskel. Je mehr du sie trainierst, desto mehr dienen sie dir. Denn Gedanken sind wichtiger Bestandteil deiner eigenen Schöpferkraft, mit der du dir deine Karriere und dein Leben erschaffst.

Deine Gedanken sind in deinem Bewusstsein zu Hause. Du hast die Wahl, ob du einen Gedanken als wahr annimmst oder nicht.

Wiederholende Gedanken bahnen sich ihren Weg in dein Unterbewusstsein. Dein Unterbewusstsein nimmt einfach auf. Es kann Ideen nicht zurückweisen. Es bestimmt deine Handlungen, deine Handlungen wiederum deine Ergebnisse.

Die erfolgreichsten Menschen dieser Welt – die, die ihr Leben frei gestalten – sind sich alle in einem Aspekt einig, den der US-Philosoph Ralph Waldo Emerson wie folgt auf den Punkt gebracht hat: „Du wirst zu dem, worüber du den ganzen Tag lang nachdenkst."

„Die Menschen machen die Umstände dafür
verantwortlich, was sie sind. Ich glaube
nicht an Umstände. Diejenigen, die in der
Welt vorankommen, gehen hin und
suchen sich die Umstände, die sie wollen,
und wenn sie sie nicht finden können,
schaffen sie sie selbst."
George Bernhard Shaw, Dramatiker

Dein Charakter ist die Summe deiner Gedanken. Deine aktuellen Resultate spiegeln exakt wider, was du in den unterschiedlichen Aspekten deines Lebens über dich und dein Leben gedacht hast. Denn die Universums-Gesetze irren nicht. Sie greifen, ob du daran glaubst oder nicht.

Mit deinen Gedanken säst du, was du später in deinem Leben als Ergebnisse erntest. Säst du positive Gedanken, erntest du positive Ergebnisse. Säst du negative Gedanken, erntest du negative Ergebnisse. Auch bei den Gedanken herrscht das Gesetz von Ursache und Wirkung.

Das bedeutet nicht, dass du alles Negative ausblenden sollst – denn Verdrängung ist keine Lösung. Das heißt schlicht, dass du deine Wahrnehmung nutzen kannst, scheinbar negative Dinge anders zu sehen und zugleich zu verstehen, dass genau diese Dinge eine für dich wichtige Aufgabe bergen. Wenn du sie löst, steckt dahinter ein großes Geschenk – und weiteres Wachstum. Löst du die Aufgabe nicht, äußert sich das in Form anderer Signale – zum Beispiel in Form von weiteren Dingen, die schieflaufen oder im Extremfall in Form von Krankheiten.

> *„Alles, was wir sind, ist das Ergebnis*
> *dessen, was wir gedacht haben."*
> *Buddha – 623 v. Chr.*

Hältst du den Garten deiner Gedanken in Ordnung? Entfernst du gewissenhaft das Unkraut, das deinen erwünschten Pflanzen die Luft nimmt? Arbeitest du aktiv an deinen Gedanken und säst bewusst ausschließlich das, was du ernten willst?

Das zu tun ist eine lebenslange Aufgabe. Unerlässlich dafür sind deine Zielklarheit und dass du dir bewusst machst, was du tatsächlich denkst. Welche Gedanken kommen automatisch vorbei? Sie geben Aufschluss darüber, was du wirklich glaubst.

Dein Glaube ist in deinem Unterbewusstsein verankert. Die Summe deiner Überzeugungen oder der sogenannten Glaubenssätze steuert dein Leben. Willst du daran etwas ändern, beginnst du damit, indem du deine Gedanken änderst. Über Wiederholung kannst du deine Glaubenssätze anpassen und somit auch gewünschte Ergebnisse und deine Ziele erreichen – unabhängig davon, ob sie eine völlig neue Karriere beschreiben oder auf einer bestehenden aufbauen.

Sobald dir im Herzen klar wird, sobald du in all der Tiefe begreifst, wie mächtig deine Gedanken wirklich sind, wirst du nie mehr darauf verzichten wollen, dieses kraftvolle Instrument als dein Top-Hilfsmittel einzusetzen. Es ist fahrlässig, es quasi ungenutzt zu lassen und sich im Alltag abzustrampeln, während du es dir auch leichter machen kannst. Deine Gedanken sind ein Geschenk. Deine Gedanken schaffen deine Wirklichkeit.

ZUSAMMENFASSUNG

★★ In diesem Kapitel hast du erfahren, warum Unsicherheit
★ für dein Wachstum unerlässlich ist und welche Rolle dein Alltagsmut und dein aktives Denken für deine erfüllte Karriere spielen. Also:

Bist du bereit für eine gesunde Portion Kontrollverlust?

PRAXISTEIL:
MACHE DEINEN MUT-CHECK

Fehlt dir der Mut, deinen Traumjob zu erschaffen und deinen Herzensweg zu beschreiten, weil du dann alles, was du bisher aufgebaut hast, aufgeben musst? Dann lass dich ein auf deinen Mut-Check.

Wie du sicher schon festgestellt hast, bin ich ein großer Fan von handschriftlichen Listen. Niedergeschriebenes hat eine starke Wirkung, denn dabei werden mehr Verknüpfungen in deinem Hirn geschaffen und genutzt, als wenn du es abtippst. Schreiben verursacht Denken. Es gibt dir zudem die Möglichkeit, dir bislang unbewusste Dinge bewusst zu machen – und sie aus einer anderen Perspektive anzuschauen. Also lade ich dich ein, eine neue Perspektive auf deine Ängste und Zweifel einzunehmen.

Nimm dir erneut Zeit für dich, fokussiere dein Ziel und nimm dein Notizbuch zur Hand. Statt „Aber ich kann doch nicht etwas ganz Neues anfangen!" stellst du dir die folgende Frage – und notierst dazu alle Antworten, die dir in den Sinn kommen. Nimm dir dafür mindestens 15 Minuten Zeit:

Was gebe ich auf,
wenn ich *nicht* meinen Herzensweg gehe?

Danach erst schließt du noch diese beiden Fragen an: Lohnt es sich, all das aufzugeben? Was will ich *jetzt* wirklich?

Willst du ein selbstbestimmtes und sinnerfülltes Leben führen, ist der Gradmesser für deine Entscheidungen immer ausschließlich das, was du wirklich willst. Das entspricht deinem Selbst. Wie du dort hinkommst, darum kümmerst du dich später. Das folgt auf dem Weg.

„ABER ICH WILL JA AUCH DAVON LEBEN!"
Deine Fülle ist überall

Wenn du fest davon überzeugt bist, dass du mit deiner Leidenschaft nicht ausreichend Geld verdienen kannst, dann wirst du Recht behalten. Bist du hingegen fest davon überzeugt, dass du mehr als genug Geld mit deiner Leidenschaft verdienen kannst, so wirst du ebenfalls Recht behalten. Warum? Weil deine Überzeugungen dein Handeln lenken – und damit deine Resultate bestimmen. Alles, was du mit einem starken Gefühl verbunden aussendest, kommt zu dir zurück. Das ist Gesetz.

Glaubst du daran, dass du es wert bist, mit deiner Traumkarriere Geld zu verdienen? Willst du es unbedingt? Bist du bereit, dich mit dem Thema Geldverdienen bewusst auseinanderzusetzen?

An dieser Stelle sei ganz klar eingeordnet: Ich bin kein Geld-Coach – dafür gibt es andere Experten. Jedoch gehört Geld zu deinem Herzensjob unabdingbar dazu. Es ist ein immens wichtiger Aspekt, der deshalb auch hier seinen Raum findet. Darüber hinaus liebe ich dieses Thema einfach – denn auch Geld ist nichts anderes als Energie und unterliegt dementsprechend ebenfalls den Universums-Gesetzen. Daher gebe ich dir auf den folgenden Seiten weiter, was ich von einigen meiner Wegbegleiter und Experten auf diesem Gebiet gelernt habe, um auch dir diese Perspektive auf Geld zu ermöglichen.

Schau dir verschiedene Berufszweige an: Architekten, Musiker, Makler, Unternehmensberater – in nahezu allen Fällen gibt es sowohl die Menschen, die mit ihrer Tätigkeit finanziell sorgenfrei leben können, als auch die, die richtig hart arbeiten und gerade so klarkommen. Sie haben oft gar nicht so unterschiedliche Qualifikationen – aber sie führen sie mit unterschiedlicher Hingabe aus und vor allem: Sie geben ihrer

Tätigkeit selbst einen unterschiedlichen Wert. Das strahlen sie auch auf ihre Kunden aus.

Genau genommen sind Zertifikate, Ausbildungen und deren Benotungen in den meisten Fällen nicht entscheidend. Ginge es nur darum, wäre die Geldverteilung eine andere. Dann wären alle Einser-Studienabsolventen Millionäre. Jeder, der promoviert und habilitiert hat, wäre Multi-Millionär und jeder, der beides mit Auszeichnung erledigt hat, wäre Milliardär. Oder so ähnlich.

Wissen ist sicher unglaublich hilfreich. Doch die wahre Währung für deine erfüllte Karriere ist dein Erleben, deine Erfahrung. Die Energie und die Leidenschaft, deine eigene Leichtigkeit und Einstellung zu dem, was du tust, dein Engagement – Diese Dinge machen den Unterschied. Genau wie deine Gedanken und Gefühle, die deine Schwingung bestimmen. Denn die Frequenz, auf der du schwingst, entscheidet, was du in dein Leben ziehst wie ein Magnet. Das gilt auch für Geld.

Nun kannst du einschränken, dass es ja auch Berufe gibt, bei denen sehr genau nach ganz bestimmten Kriterien bezahlt wird – wie Lehrer oder Verwaltungsbeamte. Doch auch hier gilt die Maßgabe: Es kommt nicht darauf an, was du machst, sondern *wie* du es machst. Bedeutet: Es geht im Zweifel nicht um den genauen Beruf, sondern um die Tätigkeit dahinter. Dafür gibt es wiederum ganz unterschiedliche Möglichkeiten, in welchen Job du sie tatsächlich gießt.

Du hast das Recht, die 86.400 Sekunden am Tag so zu nutzen, dass sie dir selbst Sinn, Freude und Freiheit geben. Damit dienst du den Menschen wirklich. Denn deine Leidenschaft ist unbezahlbar, dein Service wird umso besser. Je mehr du in deiner Kraft bist, desto mehr kannst du auch andere mitreißen und ihnen Kraft und positive Energie geben.

Wenn es alle so machten, würde sich so einiges in den klassischen Berufen ändern – und es ergäben sich neue Strukturen und Möglichkeiten. Du musst dich nicht aufgeben für einen Beruf. Wenn du deiner Passion nachgehst, kannst du Großes bewegen. Du öffnest dich für umso mehr Möglichkeiten, wenn du Beschränkungen loslässt, frei und aktiv denkst und dein Zielbild bestimmst.

> *„Ob du denkst, du kannst es,*
> *oder du kannst es nicht –*
> *du wirst Recht behalten. "*
> Henry Ford, Erfinder

Was genau macht dir Freude? Was fällt dir leicht? Wofür brennst du? Womit konkret möchtest du niemals aufhören? Wenn du das weißt, wirst du Möglichkeiten finden, diese *Tätigkeit* in einen Beruf umzuwandeln, der dir entspricht und mit dem du gutes Geld verdienen kannst.

Oder du liebst genau diesen einen Beruf, der allerdings noch nicht dein Traum-Einkommen bringt. Dann findest du Wege, die dir zusätzliches Einkommen ermöglichen – vorausgesetzt, du willst es und bist davon überzeugt. Es gibt auch hier unzählige Möglichkeiten. Die Frage ist einzig, für welche davon du offen bist.

Es gibt im Wesentlichen drei Strategien, um Geld zu verdienen. Die gängigste davon ist die, dass du deine Zeit gegen Geld tauschst. Das impliziert: Je mehr Zeit du investierst, desto mehr Geld kannst du verdienen – und desto weniger Zeitfreiheit bleibt dir. Gleichzeitig sind deine Verdienstmöglichkeiten nach oben begrenzt, da deine zeitlichen Kapazitäten begrenzt sind. Wenn du dazu noch tust, was dir überhaupt nicht entspricht, macht das nicht nur wenig Freude, sondern zehrt dich auch auf und macht dich schlimmstenfalls auf Dauer krank.

Variante zwei ist die, bei der du Geld investierst, um Geld zu erhalten. Indem du dich mit den Geldgesetzen auseinandersetzt, entwickelst du Strategien, wie es sich vermehrt.

Die dritte Variante wenden nur 1 Prozent der Menschen an – und diese Menschen besitzen über 95 Prozent des weltweiten Geldes: Es ist die Strategie, viele verschiedene Einkommensquellen zu nutzen. Damit bist du wirklich frei und kannst auch einen Beruf aus reiner Freude heraus ausüben – weil du es nicht tun *musst*, um Geld zu verdienen. Damit kannst du umso mehr Energie daraus ziehen. Alle gewinnen.

Geld ist auch deswegen so wichtig, weil es aktuell in unserer Welt der Schlüssel ist, wirklich du zu sein in all deiner Großartigkeit. Sobald du dich um Geld nicht mehr kümmern musst, kannst du wirklich frei entscheiden – und dein Potenzial richtig entfalten. Hast du nicht ausreichend Geld zur Verfügung, um unabhängig davon Entscheidungen zu treffen, limitierst du dich allein dadurch selbst.

Zudem hängt Geld gewissermaßen auch mit deinem Wohlbefinden und deiner Gesundheit zusammen. Warum? Erst wenn dich die Gedanken rund um Geld nicht mehr stressen, weil du mit einer Mangelenergie daran denkst, weil du es dringend brauchst, schaltest du die Hauptursache für Krankheiten aus: Stress.

Wie würdest du deine Zeit nutzen, wenn du dir über Geld keine Gedanken mehr machen müsstest? Was würdest du mit deiner Zeit machen, wenn du nie mehr über Geld nachdenken müsstest? Zwei mächtige Fragen, deren Antworten sich lohnen niederzuschreiben. Denn die Antworten führen dich ebenfalls näher zu dem, was du ganz persönlich wirklich vom Leben willst. Es ist deine Verantwortung, deinen Herzensweg vom Traum zum Ziel zu machen. Ob du ihn gehst oder nicht, liegt nicht am Geld. Sondern allein an dir. Nutzt du das Geld als Begründung, gar nicht erst loszugehen, wirst du ihn nie beschreiten. Also heb jetzt deine Grenzen auf und befreie dich von deinen alten Überzeugungen – die wahrscheinlich nicht mal dir gehören.

ENTLARVE DEINE GELD-ÜBERZEUGUNGEN

Wenn alles möglich ist – und sei jetzt ganz ehrlich mit dir selbst: Hast du Lust, ein paar Millionen zu verdienen? Hast du eine Vorstellung davon, was das für dich und dein Leben bedeutet?

Was denkst du über Geld? Kennst du Aussagen wie: „Geld allein macht nicht glücklich!", „Geld verdirbt den Charakter!"? Oder: „Reiche sind oberflächlich."? Was hältst du davon? Mal ein kleiner Perspektivwechsel: Wenn alles, was du an Energie aussendest, zu dir zurückkommt – glaubst du, dass Geld zu jemandem fließt, der so oder ähnlich denkt?

Geld ist nichts anderes als Energie. Geld ist neutral. Geld an sich ist zunächst nicht mehr als Papier oder eine Zahl. Wenn du unendlich viel Geld zur Verfügung hättest, würdest du es wahrscheinlich nicht zu Hause stapeln wie Dagobert Duck und dich daran erfreuen. Denn Geld bekommt erst seinen Wert, wenn du es eintauschst, einen Gegenwert schaffst: ein Haus, eine Reise, ein schönes Kleid oder eine Fortbildung.

Doch solange du glaubst, dass Geld dich zu einem schlechteren Menschen macht, wirst du unterbewusst alles tun, um zu verhindern, dass du zu Geld kommst.

Mit Geld kannst du dir das Leben enorm viel leichter machen. Vielleicht gehörst du zu den Menschen, die ihre Zeit ganz anders nutzen würden, wenn sie nicht mehr arbeiten müssten. Denn: Mit Geld kannst du dir Zeit schaffen – und Zeit bedeutet Freiheit. In meiner Wahrheit ist Geld ein Schlüssel zur Freiheit.

Geld ist ein Möglichmacher. Geld erhöht deinen Wirkungskreis. Geld verstärkt deinen Charakter, weil du dein Ich mehr ausleben kannst, je freier du finanziell bist.

Zweifelsfrei sind die wertvollsten Dinge im Leben kostenfrei: deine Familie und Freunde, dein Körper, deine Seele, dein Geist, deine Kreativität. Das heißt jedoch nicht, dass du dir die andere Freiheit nicht erlauben darfst. Hier gilt nicht entweder – oder. Du kannst beides haben. Nicht entweder Glück *oder* Geld, sondern Glück *und* Geld. Nicht Familie *oder* Geld, sondern Familie *und* Geld. Wie fühlt sich das an? Sind das für dich neue Gedanken?

Das Universum ist auf Fülle ausgerichtet. Überall. Es ist genug für alle da. Wenn es eine Herausforderung gibt, liegt sie in der Verteilung. In dem grundlegenden Bewusstsein, dass genug für alle da ist, verschwindet zugleich die Idee von Konkurrenz und Kampf – und die Bereitschaft zu geben steigt. Damit kann wiederum das Verteilungsproblem obsolet gemacht werden.

Fülle ist überall. Auch für dich. Die Beweise dafür lassen sich auch überall finden. Schau dich in der Natur um, stelle dir den Ozean vor – Wasser so weit das Auge reicht. Oder den Strand: unendlich viel Sand. Das Blumenmeer im Frühling, die Kartoffeln auf dem Feld, der Rasen im Garten mit unzähligen Grashalmen. Oder die Annehmlichkeiten der Zivilisation, die wir hierzulande schätzen dürfen: Trinkwasser, das aus dem Hahn kommt, Supermärkte mit einer schier riesigen Auswahl.

Sobald du ein Bewusstsein für diese Fülle um dich herum entwickelst, wirst du auch Dankbarkeit dafür fühlen. In dein Leben lädst du gemäß den Gesetzen des Universums automatisch das ein, wofür du dankbar bist. Also lass deine Assoziationen spontan in dein Bewusstsein kommen, indem du die folgenden Sätze vervollständigst – und sei dabei ganz ehrlich zu dir selbst:

- Geld ist ...
- Reiche Menschen sind ...

Wenn du dir jetzt Geld als Energie bewusst machst: Würdest du als Geld zu dir fließen? Wenn nicht, schaue dir an, welche Überzeugungen stattdessen hilfreich sind, damit Geld zu dir fließen kann und frage dich, ob du sie glauben kannst. Denn erst wenn du emotional eingebunden bist in das, was du glauben willst, ist es im Unterbewusstsein verankert. Erst dann ist es möglich, dass du automatisch danach handelst.

Was ist, wenn Geld dir die Freiheit gibt, umso mehr zu geben? Wenn Geld dir die Möglichkeit gibt, frei zu sein? Wenn Geld dir ermöglicht, unabhängig von den Kosten zu wählen, was du dir leistest und was nicht? Wie sähe dein Leben dann aus?

Was, wenn Geld dir die Gelegenheit gibt, dich auf dich selbst zu konzentrieren und nur das zu tun, was dir entspricht – und damit dein Leben erfüllter ist?

Wie lebst du dein Leben dann? Wie entspannt bist du dann? Jeder Mensch auf dieser Welt hat das Recht, in Fülle zu leben. Warum gelingt es jedoch hierzulande nur so wenigen? Weil sie sich selbst blockieren. Denn Geld fließt zu denen, die es lieben, statt zu denen, die es unbewusst wegschicken, weil es beispielsweise den Charakter verderben könnte.

Geld ist *ein* Aspekt von Reichtum. Er kann sich in deinem Leben nur dann tatsächlich zeigen, wenn du dich reich fühlst. Auch Reichtum beginnt im Bewusstsein – nicht auf dem Konto. Klingt dir das zu abgedreht? Zu schön, um wahr zu sein? Lass mich dir Geschichten erzählen von inspirierenden Millionären, von denen ich mich auf meinem Weg habe begleiten lassen.

WAS DU VON
MILLIONÄREN LERNEN KANNST

Als mich Marie, eine meiner ersten Wegbegleiterinnen und Coaches, zum ersten Mal auf die Idee brachte, dass ich mit weniger Arbeit auch mehr Geld verdienen kann als bisher, habe ich ihr das nicht geglaubt. Schließlich war ich der Überzeugung, dass ich als junge Führungskraft in der Industrie schon ordentlich verdiente.

Meine Rechnung bis zu diesem Zeitpunkt ging daher ungefähr so: „Ich mache mich selbstständig und tue dann nur noch, was mir entspricht. Dafür nehme ich in Kauf, dass ich weniger Geld zur Verfügung habe." Das enthüllte meine damalige Überzeugung: „Man kann eben nicht alles haben im Leben." Sicher war das mit ein Grund, warum ich den Ruf der Selbstständigkeit nicht schon eher hören konnte.

Ein paar Wochen später sagte Norbert, ein weiterer herzlicher Wegbegleiter und Selfmade-Millionär: „Du kannst alles verdienen, was du dir selbst glaubst. Es ist keine Frage, *ob* du das erreichen kannst, sondern nur, *wann*. Das Universum ist immer auf deiner Seite."

Das war zu einer Zeit, in der ich mir sehnlichst ein zweites Kind wünschte – und tiefen Schmerz in mir trug, weil diese Seele nicht zu mir kommen wollte. Meine traurige Reaktion darauf, die ich nicht einmal aussprach: „Ich wünsche mir aber etwas, das man mit Geld nicht kaufen kann." In diesem Punkt konnte ich Unterstützung aus dem Universum nun wirklich nicht spüren. Dahinter verbarg sich ein anderer Fokus, mangelndes Vertrauen auf die innere Kraft – und die Überzeugung: „*Entweder* du bekommst etwas Unbezahlbares *oder* Geld."

Erst als ich begann, mich mit den Gesetzen des Universums auseinanderzusetzen, begann ich das zu verstehen – und meine Überzeugungen nach und nach auszutauschen. Ein Coaching mit Bob Proctor, dem kanadischen Persönlichkeitsentwickler bekannt aus dem Film „The Secret", brachte mich darauf. Das war für mich der Anfang eines viel tieferen Verständnisses.

Inzwischen habe ich mich von einigen Millionären unterstützen lassen, um noch mehr zu lernen und die Gesetzmäßigkeiten zu verstehen, weil ich sie einfach unfassbar spannend finde – und weil mich darüber hinaus natürlich die Freiheit reizt, die sich dahinter verbirgt: ein Leben in Fülle auf allen Ebenen.

Denn beim Füllebewusstsein geht es auch um Geld. Gleichzeitig geht es überhaupt nicht darum, sondern vielmehr um das, was dir das Geld ermöglicht: mehr Freiheit, tun zu können, was dir Freude macht, das Leben als Abenteuer zu gestalten und zu genießen – und mehr zu geben. In jedem Moment. Meine Überzeugung ist: Jeder von uns hat das Recht, diese Fülle zu erfahren.

Alle meine Wegbegleiter und viele inspirierende Menschen, die zu dem Thema geforscht und schlaue Bücher darüber geschrieben haben, sind sich in wesentlichen Punkten einig:

1. Dein Erfolg hängt zum Großteil von deinen Überzeugungsmustern ab. Änderst du deine Überzeugungen, änderst du deinen Kontostand.

2. Erst bist du reich, dann wirst du es tatsächlich. Das ist eine der für mich logischsten, jedoch zugleich herausforderndsten Regeln. Wichtig ist, dass du dich erst so fühlst, als seist du am Ziel – dann kannst du dich darauf zubewegen. Denn:

3. Du kannst niemals zu deinem Ziel gelangen ausgehend von dem Punkt, an dem du gerade stehst. Du musst von deinem Ziel ausgehend denken und handeln – dann kommt es zu dir und zwar unvermeidlich. Das gilt auch für Geld.

4. Du musst nicht hart arbeiten, um Fülle zu erleben. Du kannst leichte Quantensprünge machen anstatt kleine, mühsame Schritte, wenn du beginnst, anders zu denken.

5. Was du in dich selbst investierst, kommt vielfach zu dir zurück. Du selbst bist dein größter Vermögenswert. Die wenigsten Menschen investieren zeitlebens in sich. Aber *alle* erfolgreichen tun es.

Im Kapitel „Ist das nicht Hokuspokus?" erfährst du konkretere Erklärungen, was hinter diesen Punkten aus wissenschaftlicher Sicht steckt – und warum sie logisch sind, auch wenn sie auf den ersten Blick nicht so wirken.

ZUSAMMENFASSUNG

In diesem Kapitel hast du dich mit Reichtums-Überzeugungen auseinandergesetzt – nicht nur mit deinen eigenen, sondern auch mit denen von Menschen, die sich ein Leben in Fülle erschaffen haben. Schau dir nun an, was deine Reflexion ergeben hat:

Wo stehst du mit deinem Reichtums-Bewusstsein?

PRAXISTEIL:
DEIN REICHTUMS-BEWUSSTSEIN

Wenn du wissen willst, wo dein Geldbewusstsein gerade steht, musst du keine anstrengenden und langwierigen Analysen über deine Vergangenheit anstellen. Schau dir schlicht die Ergebnisse in deinem Leben an: Wo steht dein „Geld-Thermostat"? Wie viel Geld hast du regelmäßig und zuverlässig zur Verfügung?

Dann kannst du dich direkt darum kümmern, dieses Bewusstsein zu erweitern, indem du dir bewusst wirst, wie du über Geld und reiche Menschen denkst – und ob du wirklich aus tiefstem Herzen dazugehören willst.

Wenn du das möchtest und dir dein Recht auf ein Leben in Fülle ermöglichen willst, gebe ich dir hier meine Lieblingstechnik an die Hand. Sie dauert zwar ein wenig länger als viele andere, funktioniert dafür aber umso zuverlässiger. Zudem erfordert sie Ausdauer. Doch willst du deinen Herzensweg gehen und deine Vision zum Leben erwecken, ist Ausdauer ohnehin eine unabdingbare Voraussetzung und diese Aufgabe daher mehr als eine gute Übung.

Lege dir ein imaginäres Konto zu. Dafür legst du eine Tabelle an mit den Spalten „Einnahmen" und „Ausgaben" und zahlst dir jeden Tag imaginär Geld ein – und das für ein ganzes Jahr. Du notierst in der Ausgaben-Spalte jeden Tag, was du mit dem Geld machst.

Du beginnst mit 1000 Euro am ersten Tag – und jeden Tag werden es 1000 Euro mehr. Jeden Tag setzt du dich so mit deinem Konto auseinander und überlegst, wie du dein Geld investierst oder anlegst. So sammelst du Erfahrung im Umgang mit Geld und erfüllst dir in Gedanken zugleich schon viele deiner Träume.

Das wiederum bringt deine Gedankenkraft in Aktion und dich in eine Schwingung, die zu deinen großen Zielen passt. Du entwickelst ein Fülle-Bewusstsein, weil du weißt, dass jeden Tag Geld zu dir fließt. Selbstverständlich. Sobald du das verinnerlicht hast, kann gemäß den Gesetzen nur eines passieren: Es fließt tatsächlich selbstverständlich zu dir.

Du kannst auch direkt neue Gewohnheiten einbeziehen, wie einen gewissen Anteil deiner Einnahmen jeden Tag zu spenden. So entwickelst du ein erweitertes und neues Bewusstsein für Fülle. Erledigst du diese Aufgabe konsequent, wirst du nach einem Jahr zuverlässig mehr Geld auf deinem Konto haben als bisher.

„WOHER WEIß ICH, DASS ICH DAS KANN?"
Dein inneres Genie

Wenn du zweifelst, ob du wirklich deinen Herzensweg gehen und deine Traumkarriere leben kannst, gibt es für dich eine beruhigende Nachricht: Du kannst es auf jeden Fall – und zwar genau jetzt. Denn alles, was du dafür benötigst, ist bereits in dir. Du musst es lediglich abrufen und kannst dann darin immer besser werden.

Das, was dich wirklich erfüllt, erfüllt dich nicht ohne Grund. Wenn du einen inneren Ruf spürst, kannst du davon ausgehen, dass dir für genau dieses Wachstum alles Notwendige mitgegeben wurde – sonst würde es dich nicht rufen.

Weißt du, was dich von der Tierwelt unterscheidet? Dein inneres Genie. Du hast sechs intellektuelle Fähigkeiten geschenkt bekommen, die dir ermöglichen, deine Umwelt selbst zu erschaffen. Du kannst sie dir vorstellen wie die Muskeln deines Verstandes. Wenn du sie nutzt und richtig trainierst, eröffnest du dir die Tür zum Universum. „Land of the solution" – „Land der Lösung" hat es Thomas Edison genannt. Er hat in diesem Land seine lang ersehnte Lösung gefunden: das elektrische Licht.

Eine bildliche Erläuterung dazu: Vergleiche deinen Verstand mit einem Computer. Die Arbeit mit der Festplatte ist dann vergleichbar mit deiner Orientierung anhand deiner Sinne. Du nutzt das, was du abgespeichert hast, und bewegst dich im eingeschränkten Rahmen. Beginnst du, deinen Verstand erweitert zu nutzen und deine Verstandesmuskeln zu trainieren, ist es so, als würdest du das Internet freischalten: Du öffnest den Raum für Antworten auf alle Fragen, weil du an das gesamte Universum angedockt bist. Damit kannst du jeden

Zweifel nach Hause schicken. Sobald du das verstehst, ist für dich alles möglich, was du dir ausdenken kannst.

Das sind die sechs Geschenke des Universums für dich, die dir den Zugang zum Internet deines Verstandes ermöglichen:

1. Deine Vorstellungskraft
2. Deine Intuition
3. Dein Wille
4. Dein Erinnerungsspeicher
5. Deine Vernunft
6. Deine Wahrnehmung

Sie alle sind eng miteinander verknüpft. Gemeinsam sind sie so schlagkräftig, dass sie die Quelle jeglicher Kreation und genialer Ergebnisse sind.

Die Beschreibung einiger dieser Fähigkeiten begegnen dir noch an anderen Stellen – oder sind dir bereits begegnet.

DEINE VORSTELLUNGSKRAFT:
KREIERE DEINE VISION

Wie du schon im Kapitel zu deiner Herzensvision erfahren hast, sind Bilder der Anfang von allem. Alles, was du kreierst, beginnt als Bild in deinem Kopf. Um deine „Vision" zum Leben zu erwecken, nutzt du – wie der Name sagt – Bilder. Du kannst Bilder deiner Wunsch-Zukunft in deinem Kopf erschaffen und sie mit Gefühlen verknüpfen. Sobald diese Bilder in dein Unterbewusstsein sacken, bestimmen sie deine Handlungen. Damit bewegst du dich unvermeidlich auf dein Ziel zu.

Es gibt zwei Formen der Vorstellungskraft: die synthetische und die kreative. Meist nutzt du im Alltag die synthetische Vorstellungskraft – das ist die Fähigkeit, alte Konzepte in neue Kombinationen zu fassen. Als plakatives Beispiel: Das erste

Flugzeug entsprang der kreativen Vorstellung. Die heutigen Flugzeuge hingegen sind synthetische Weiterentwicklungen. Mit deiner kreativen Vorstellungskraft kannst du völlig neue Ideen zum Leben erwecken. Du bist jetzt und hier in der Lage, Geniales zu erschaffen.

Du kreierst deine Zukunft ohnehin, denn in deinem Kopf laufen immer Bilder ab. Du hast die Wahl, ob du sie selbst designst oder ob du das deinem Standardprogramm überlässt, das sich an Überzeugungsmustern deiner Vergangenheit orientiert. Dein Verstand macht keinen Unterschied zwischen Erlebtem und dem, was du dir vorstellst. Wenn du das nutzt, schwingst du dich auf die Zielfrequenz ein – und verursachst damit genau das: dein Ziel wird Realität.

DEINE INTUITION:
VERBINDE DICH MIT DEM UNIVERSUM

Deine Intuition ist deine direkte Verbindung zum Universum. Dein Bewusstsein und dein Unterbewusstsein sind miteinander verknüpft. Du kannst über Gedanken mit deinem Unterbewusstsein kommunizieren – und dein Unterbewusstsein kommuniziert ebenso mit dir. Über deine Intuition.

In deinem Unterbewusstsein sind nicht nur deine Glaubenssätze verankert, die deine Gewohnheiten ausmachen. In deinem Unterbewusstsein liegt grenzenlose Intelligenz, denn es ist Teil des unendlichen, universellen Bewusstseins. Alle Antworten auf alle Fragen, die du dir stellen kannst, liegen dort. Auf jede Frage, die du stellst, gibt es dir die Antwort. Die Kunst ist es, diese Antworten zu hören. Wie du das trainierst, erfährst du konkreter in Kapitel 8.

DEIN WILLE:
SCHICKE DEINE VISION DURCHS BRENNGLAS

Dein Wille gibt dir die Möglichkeit, dein Ziel vor dem geistigen Auge fokussiert zu halten – und das unabhängig von allem, was im Außen passiert. Unabhängig von allen Zweifeln, die zwischendurch vorbeikommen. Das ist wichtig, damit du nicht auf deinem Weg aufgibst.

Dein Wille ist Selbstdisziplin. Er funktioniert wie ein Brennglas, das Licht zu Laser bündelt. Entsprechend kann sich dein Zielbild in dein Unterbewusstsein einbrennen. Dein zielgerichteter und bewusst eingesetzter Wille ist daher ein extrem kraftvolles und unerlässliches Instrument, um die Karriere deines Lebens zu verwirklichen.

DEIN ERINNERUNGSSPEICHER:
ERINNERE DICH AN DEINE ZUKUNFT

Deine Erinnerungen sind ein Indikator für das, was dir wichtig ist. Du speicherst in deinem Gedächtnis Erlebnisse und Gefühle ab, wenn sie für dich relevant sind. Das Geniale an deinem Erinnerungsvermögen ist: Du kannst es von der Zeit entkoppeln und auch im Nachhinein Erlebnisse und Gefühle für dich umdeuten.

So geschieht es, dass du dir von bestimmten Ereignissen nur die positiven Aspekte merkst und die negativen verklärst. Manchmal vermischen sich auch Erinnerungen, die eigentlich nichts miteinander zu tun haben.

Dein Erinnerungsspeicher zeigt dir sehr genau an, womit du dich emotional beschäftigst. Dieser emotionale Fokus wiederum gibt Aufschluss über dein Unterbewusstsein, das dich steuert und deine Ergebnisse verursacht.

Willst du also Resultate in deinem Leben verändern oder etwas ganz Neues (er)schaffen, kannst du deine Erinnerungen rückwirkend zum Zweck deiner neuen Ergebnisse verändern. Erlebe bestimmte einschneidende Erlebnisse so, wie deine neue Identität sie erleben würde – und mache deinen Frieden mit Erinnerungen, die immer wieder ungünstige Gedanken hervorrufen.

Die Vergangenheit ist vergangen. Dein Fokus gehört dem Moment und deinem Ziel. Genau dafür kannst du auch deine Erinnerung nutzen – das ist ein ganz besonderer Dreh: Projiziere deine Erinnerung auf die Zukunft! Nutze deine Vision und erlebe sie wieder und wieder, als sei sie bereits vor einiger Zeit verwirklicht worden. So suggerierst du deinem Unterbewusstsein, dass du bereits am Ziel bist und erinnerst es immer wieder an dein gewünschtes Ergebnis. Die logische Konsequenz: Du *musst* dieses Ziel erreichen, denn du schwingst auf der Zielfrequenz. Übertragen: Du hast die richtige Telefonnummer gewählt.

DEINE VERNUNFT:
DISZIPLINIERE DEINE GEDANKEN

Deine Vernunft gibt dir die Möglichkeit, aktiv zu denken. Je mehr du diesen mentalen Muskel trainierst, desto besser kannst du aus deinem Herzen heraus in Leichtigkeit leben, anstatt dich von Umständen leiten zu lassen. Dein Bewusstsein kann Gedanken annehmen oder ablehnen. Wenn du nicht aktiv denkst, lässt du viele Gedanken in dein Unterbewusstsein sacken, die deinem gewünschten Leben nicht dienen. Denn Gedanken fließen ohne Unterlass den ganzen Tag lang.

Allerdings: Wenn du beginnst, Gedanken bewusst wahrzunehmen und zu entscheiden, ob du sie als wahr annehmen willst, kannst du dein Unterbewusstsein umprogrammieren. Programmiere es darauf, was *du* sehen willst: dein realisiertes

Ziel. Werde dir bewusst, was du denkst, und schicke alle Gedanken weg, die dir nicht nutzen. Klar, das braucht Training. Doch nicht dienliche Gedanken bekommen ab sofort keine Eintrittskarte mehr in dein Unterbewusstsein.

DEINE WAHRNEHMUNG:
BESTIMME DEIN LEBEN SELBST

Alles im Leben hat zwei Pole. Das ist Gesetz. Wo es eine negative Seite gibt, gibt es auch eine positive. Du kannst die Umstände nicht negieren – doch du hast die Wahl, wie du sie einordnest. Es lohnt sich zu trainieren, auf die positiven Aspekte zu schauen. Denn deine Perspektive bestimmt deine Gefühle, die Schwingung, in die du deinen Körper damit versetzt. Die Schwingung wiederum bestimmt, was du in dein Leben ziehst. Je höher die Schwingung, desto mehr Möglichkeiten eröffnen sich dir.

DEIN BEWUSSTSEIN IST
DER SCHLÜSSEL ZU ALLEM

Wenn du frei sein willst, musst du du selbst sein. Um frei zu sein, musst du also wissen, wer du bist. Du bist Bewusstsein[1] (oder Seele) mit einem menschlichen Körper, mit einem Intellekt, mit einem Geist. Dein Bewusstsein geht über deinen Körper hinaus. Dein Körper wohnt sozusagen in deinem Bewusstsein. Es ist grenzenlos.

Dein Bewusstsein ist unsterblich. Es ist reine Energie. Dieselbe Energie, aus der alles im Universum besteht. Universelle

---

[1] Mit Bewusstsein ist an dieser Stelle nicht das Bewusstsein in Abgrenzung zum Unterbewusstsein gemeint. Es ist nicht das rationale Bewusstsein gemeint, in dem deine Gedanken und dein Wissen angeordnet sind. Gemeint ist hier das große, umfassende Ganze. Es gibt umfangreiche Debatten über die Definitionen von Seele, Bewusstsein und Geist, die ich hier außen vor lasse, da es nicht um eine wissenschaftliche Abhandlung in der Tiefe geht.

Energie. Es gibt nicht nur dein Bewusstsein, sondern ein globalgalaktisches, universelles Bewusstsein, von dem auch du ein Teil bist. Über das Bewusstsein sind wir alle energetisch miteinander verbunden. Genau genommen *sind* wir alle dieses Bewusstsein. Die Quantenphysik beschreibt das sehr genau mit der Feldtheorie.

Das universelle Bewusstsein nennen einige Gott, andere höhere Kraft, wieder andere Universum. Ganz gleich, wie du es nennst: Bildlich kannst du es dir so vorstellen, dass es in verschiedene Anteile zersplittert scheint, von denen einer du bist. Doch in Wahrheit bist du alle Anteile – und du trägst alle Anteile in dir. Es gibt energetisch keine Trennung. Somit ist es sogar möglich, dass du mit dem Unterbewusstsein anderer kommunizieren und die universelle Quelle anzapfen kannst. Das wiederum geschieht über deine Intuition.

Es gibt Theorien, die besagen, dass dieses „Uni-versum", diese „Einheit", selbst nur ein Teil eines noch größeren Multiversums ist. Wer weiß, wie viele Multiversen es gibt und ob auch sie wiederum multipliziert zu einem noch größeren Ganzen existieren? Wer weiß, ob all das endlos weitergeht? An diese Grenzenlosigkeit bist du angebunden. Ist das nicht unglaublich?

Du kannst in dein reines Bewusstsein eintreten, indem du aus deinem Ego austrittst. Dazu musst du zum Beobachter von deinem Ich werden. Denn das, was du beobachtest, kannst du nicht sein. Dann bist du im reinen Bewusstsein. Das Bewusstsein *ist* einfach. Es bewertet nicht. Im reinen Bewusstsein bist du angebunden an das unendliche Universum – und hast Zugang zu den Antworten auf all deine Fragen. Im reinen Bewusstsein ist alles möglich – Zeit und Raum sind aufgehoben. Es gibt nur diesen einen Moment.

Wenn du das zu begreifen beginnst, „er-lebst" du dein Leben auf eine neue, bewusste Art. Genau dafür bist du hier: um dich zu erinnern, dass du verbunden bist mit der einen universellen Macht, mit dem unendlichen Potenzial.

Insofern ist dein Bewusstsein der Schlüssel zu allem. Werde zu deinem Bewusstsein und du lässt dich nicht mehr von Umständen leiten. Du setzt dich ans Steuer deines Lebens.

Der Begriff des Bewusstseins ist in der deutschen Sprache mehrdeutig. Wenn du nun das Bewusstsein in Abgrenzung zu deinem Unterbewusstsein betrachtest – sozusagen das intellektuelle Bewusstsein – ist es auch in dieser Hinsicht ein Schlüssel zu deinem Leben. Denn sobald du beginnst, deine Muster aus dem Unterbewusstsein wahrzunehmen, kannst du sie erkennen und über den Verstand steuern. Folglich liegt der Schlüssel zu deiner Selbstbestimmung auf allen Ebenen in deinem Bewusstsein.

ZAUBERE MIT
DEINER ALLTAGSMAGIE

Das Universum funktioniert nach klaren Gesetzen. Es gibt keine Zufälle. Folglich ist es auch kein Zufall, dass einige Menschen im Leben scheinbar Unmögliches erreichen, während andere weit hinter ihren Möglichkeiten zurückbleiben. Das Unmögliche zu erreichen wirkt auf Außenstehende oft wie Magie. Begreifst du die Gesetzmäßigkeiten dahinter, kannst auch du diese Magie in dein Leben einladen. Du beginnst zu „zaubern".

Alles beginnt damit, dass du die Magie wahrnimmst. Deine Wahrnehmung ist eine deiner höheren, intellektuellen Fähigkeiten. Du erschaffst deine eigene Realität durch deine Sicht auf die Dinge. Durch das Prinzip der Polarität wohnt jeder augenscheinlich negativen Situation auch ein positiver Effekt inne – und umgekehrt. Du entscheidest, auf welche Seite der Situation du dich fokussierst.

Fokussierst du dich auf das Negative, rufst du in dir Unsicherheit und Angst hervor. Aus dieser Gefühlslage heraus wirst du gewiss anders handeln, als wenn du im Vertrauen bist. Folglich bekommst du andere Resultate in deinem Leben. Fokussierst du dich hingegen auf das Positive oder das Geschenk dahinter, erzeugst du Freude und Vertrauen – und handelst entsprechend.

Du kannst dich in Problemen verlieren –
oder Lösungen finden.

Die folgende Geschichte zeigt die Wahrnehmungs-Pole sehr deutlich. In einer Wohnsiedlung wütet ein großer Brand, viele Menschen verlieren ihr gesamtes Hab und Gut. Während ein Pärchen vor seinen niedergebrannten Habseligkeiten steht und weinend konstatiert: „Wir haben nichts mehr. Wir haben alles verloren.", nimmt sich wenige Meter weiter ein Paar in den Arm: „Wir haben alles. Das war nur Zeug. Wir haben uns."

Du kannst jede Situation auf zwei Weisen beurteilen. Grundsätzlich gilt: Jede Situation bekommt erst ihre Bewertung, wenn du sie einordnest. Das ist das Mächtige an der Wahrnehmung. Sie entscheidet, wie du dein Leben lebst.

Mit deiner Wahrnehmung ordnest du Einzelteile. Du kannst dieselben Noten nutzen, um ein fröhlich beschwingtes Stück in Dur zu komponieren oder ein getragen trauriges in Moll.

Es mag nicht immer leicht sein, sofort das Positive an einer Situation zu sehen. Es ist aber Gesetz, dass es immer da ist. Wenn du dir immer öfter erlaubst, das Geschenk an einer Situation zu suchen, wenn es nicht offensichtlich ist, wird sich dein Leben automatisch in Richtung der Freude drehen. Auch das ist logische Konsequenz des Gesetzes.

Du kannst dich in Problemen verlieren – oder nach Lösungen suchen. Du kannst Probleme riesig machen – oder dich mit dem Universum verbinden und in diesem Kontext feststellen, wie klein dieser eine Aspekt deines Lebens eigentlich ist.

Wusstest du, dass negatives Denken einen fünfmal höheren Einfluss auf deine Ergebnisse hat als positives Denken? Als der Psychologe Dr. Price Pritchett das in einem Seminar ausführte, wurde mir einiges klar: Es ist wichtiger, die negativen Gedanken zu stoppen als positive einzuladen.

Aus Veränderungsprozessen ist bekannt, dass etwa 20 Prozent der Menschen sie mit Begeisterung mitmachen, 50 Prozent dem Wandel indifferent gegenüberstehen – und etwa 30 Prozent Widerstand dagegen aufbauen.

Genauso kannst du dir dein Inneres vorstellen, wenn es um Veränderungen geht: 20 Prozent von dir sind Feuer und Flamme mit Blick auf das Ziel, die Hälfte von dir findet das Ergebnis zwar gut, weiß aber noch nicht so recht, wie es gehen soll – und etwa 30 Prozent entpuppen sich zum kleinen Teufelchen, das dich zurückhalten will, Größeres zu erreichen. Denn es will dich schützen und in deiner Komfortzone halten.

Diese 30 Prozent sind die, die auf die Barrikaden gehen, um Aufmerksamkeit zu erlangen. Diese 30 Prozent sind die, die oft am meisten wahrgenommen werden. Mache da nicht mit! Lass deine 30 Prozent nicht 100 Prozent deiner Aufmerksamkeit bekommen. Denn damit erschaffst du dir zuverlässig Angst und Zweifel – und gelangst nie zum erwünschten großen Ziel.

Nimm also deinen inneren Saboteur, das Teufelchen, wahr und ersetze dessen Stimme durch Hoffnung: „Ich hoffe einfach, dass es doch funktioniert. Denn was passiert, wenn es doch funktioniert? Was ist, wenn ich doch die Karriere meines Lebens kreieren kann und damit mehr Zeit- und Geldfreiheit in mein Leben ziehe? Was, wenn alles möglich ist?"

Genauso wichtig, wie deine Wahrnehmung auf die Umstände und deine innere Stimme zu lenken, ist es, die Wahrnehmung auf dich selbst zu wählen. Denn auch hier gilt: Je größer du dich selbst siehst, desto größer kannst du sein. Schränkst du dich selbst ein, kannst du niemals weiter gehen als bis zu genau dieser Grenze, die du dir selbst gesetzt hast.

Da sind wir beim nächsten Aspekt, wie du Magie in dein Leben einladen kannst: deine Haltung zu dir und deinem Leben. Deine Haltung ist die Summe aus deinen Gedanken, Gefühlen und Handlungen. Eine entsprechende Haltung zu dir selbst ist entscheidend für deinen Erfolg. Wie du dich gibst, so wirst du auch wahrgenommen – von dir selbst und von anderen. Alles, was du aussendest, kommt zu dir zurück. Auch das ist Universums-Gesetz.

Auch für deine Haltung gilt: Du wählst sie. Du wirst die Welt nicht kontrollieren – aber die Einstellung, mit der du ihr begegnest. Deine Haltung zum Leben ist die Haltung des Lebens zu dir.

Deine Wahrnehmung und deine Haltung sind entscheidende Faktoren dafür, dass du im Alltag die Magie erkennst – und für dich, deine Ziele und deine Zuversicht nutzen kannst. Denn sie wirkt nur solange wie Zauberei, wie sie für dich jegliche Logik entbehrt.

Änderst du hingegen deine Logik und verstehst mehr und mehr, wie das Universum funktioniert, wird auch die Magie zu einer logischen Wirkung deiner gesetzten Ursachen. Damit kannst du anhand deiner Resultate herausfinden, welche Ursachen du gesetzt hast und wie du sie anpassen musst, um andere Ergebnisse hervorzurufen.

Es ist wie ein riesiges Experiment im Physiksaal des Lebens. Du wirst staunen, was du auf einmal alles entdecken kannst. All das ist Teil deines Wachstums, deines Sinns, deiner Erinnerung an dein wahres Selbst – und deines Herzenswegs.

ZUSAMMENFASSUNG

Du hast in diesem Kapitel gelernt: In dir steckt wahrlich ein Genie. Um es herauszulassen, musst du die Regeln des Universums befolgen. Daher ist es nicht vorrangig eine Frage deiner Kompetenz, ob du deinen Herzensweg und deine Berufung leben kannst. Es ist vielmehr die Frage:

**Entscheidest du dich, dich auf den Weg zu machen
und all die Wunder und Magie des Lebens zu entdecken?**

Praxisteil:
Dialog mit deiner genialen Identität

Du trägst geniale Fähigkeiten in dir und bist angebunden an ein Feld unendlichen Potenzials. In diesem Praxisteil geht es darum, dass du dich auf dem Weg zu deiner Berufung an dieses Potenzial erinnerst, wann immer du an deinen Möglichkeiten zweifelst.

Dafür nutzt du deine sechs höheren, intellektuellen Fähigkeiten.

1. Nimm dir wieder mindestens 15 Minuten Zeit für dich – und dein Notizbuch zur Hand.

2. Erschaffe im Geiste dein „geniales Ich" und notiere deine Ideen. Wie ist dieses Ich? Wie handelt es? Wie fühlt es sich? Stelle dir dazu vor, du seist jetzt die Person mit genau den Möglichkeiten, die es braucht, um deine Berufung zu leben. Du hast alles, was du dir wünschst, bereits erreicht. Vielleicht hast du auch ein Vorbild, das du dir vor dem geistigen Auge vorstellen kannst. Nutze für die Beschreibung dieser Identität auch die Notizen aus den vorangegangenen Praxisteilen zu deinem wahren Ich und deiner Shoppingtour im Universum, um es so bildlich und konkret wie möglich zu machen.

3. Suche dir in Gedanken – oder auch schriftlich – einen Ankerpunkt, der dir beim Hervorrufen deines genialen Ichs hilft. Das funktioniert wie folgt: Wähle ein besonderes Merkmal dieser Identität aus. Das kann ein Kleidungsstück sein, ein Accessoire, eine bestimmte Haltung, eine Geste oder eine spezielle Mimik. Mache dieses Merkmal für dich zum Wiedererkennungsmerkmal deines inneren Genies.

4. Wann immer du zweifelst, erinnere dich an genau dieses Wiedererkennungsmerkmal – und damit an deine innere Kraft.

5. Willst du die Erinnerung an deine genialen Fähigkeiten noch verstärken, noch mehr in die Realität deiner Wunsch-Identität eintreten, führe einen Dialog mit deinem genialen Ich. Stelle deinem genialen Ich Fragen und versetze dich in die Lage deiner Genie-Identität, um sie zu beantworten: handschriftlich als Brief an dich, in Gedanken oder laut vor dem Spiegel – je nachdem, was dir in diesem Moment entspricht.

Auch wenn du eine solche Übung im ersten Moment befremdlich findest: Es geht um dich und es lohnt sich, neue Dinge auszuprobieren. Denn dazu bist du auf der Welt.

Du wirst erstaunt sein, wie kraftvoll diese Übung ist, wenn du dich darauf einlässt und sie mit ganzem Herzen ausführst.

Schau dir auch gern mein Video dazu im Online-Bonus an, mit dem du die Übung in einer Variante direkt von mir angeleitet ausführen kannst: www.bettina-poehler.de/buch.

„WAS, WENN'S NICHT FUNKTIONIERT?"
Dein Freund, der Zweifel

Wenn du bei allem im Voraus wüsstest, wie es funktioniert, wäre dein Weg überflüssig. Dein Weg ist jedoch das, was dich bereichert. Dein Weg ist das, was untrennbar mit dem Sinn deines Lebens verbunden ist. So ist es natürlich, dass du zweifelst und auch dass du manchmal Angst hast.

Angst entsteht durch Unwissen, sobald du dich auf dir unbekanntes Terrain begibst. Das ist schlau von der Natur, denn sie soll dich schützen. Doch in Zeiten, in denen du nicht direkt bei einer falschen Handlung von einem wilden Tier gefressen werden kannst, ist dieser Überlebensmodus nur noch sehr selten nötig. Viele Menschen handeln jedoch die meiste Zeit aus genau dieser Energie heraus.

Notwendigerweise sind die Dinge, die du in diesem Modus tust, andere als die, die deinem Vertrauen entspringen. Entsprechend unterscheiden sich auch deine Resultate. Dein Überlebensmodus ist darauf ausgelegt, dass er dir immer wieder signalisiert: „Du lebst. Das reicht. Gehe kein Risiko ein. Verändere nichts!" Große Ziele erreichst du mit diesem vermeintlichen Sicherheitsdenken jedenfalls nicht.

Hinzu kommt, dass du im Überlebensmodus eine andere Schwingung aussendest, als wenn du im Vertrauen bist. Da du nach Universums-Gesetz immer nur die Dinge in dein Leben ziehen kannst, die auf deiner Frequenz liegen, erhältst du in Angst ganz andere Gelegenheiten als im Vertrauen. Deswegen ist es so wichtig, loszulassen. Du setzt dir ein Ziel, fühlst dich ein in dieses Ziel, als hättest du es erreicht, und lässt es los. Du klammerst dich nicht daran. Die Gelegenheiten kommen erst zu dir, wenn du loslässt. Warum? Was ist mit Loslassen gemeint?

Mit Loslassen ist gemeint, dass du deine Ängste, Sorgen und Zweifel nicht mehr mit deinen Gedanken und Gefühlen nährst. Dass du stattdessen deinen Fokus darauf richtest, was du wirklich in dein Leben ziehen willst. Denn dann schwingst du auf deiner Zielfrequenz und es bieten sich dir die Möglichkeiten, die dir helfen, deine Vision zu realisieren.

Zweifel und Angst kommen auf, wenn du dich ins Unbekannte stürzt. Sie sind folglich ein wichtiger Wegweiser für dich: Sie zeigen an, dass du deine Komfortzone verlässt. Das ist die unerlässliche Voraussetzung für deine neuen Resultate.

Zweifel, Sorgen und Angst sollten dich deshalb niemals aufhalten – schließlich willst du dein Leben zum lebenswerten, sinnstiftenden Abenteuer machen. Du willst nicht mehr arbeiten, sondern mit deiner Leidenschaft Geld verdienen und dir das Leben leisten, das du verdient hast: ein Leben in Fülle und Freude. Das ist das Leben, das für dich gedacht ist. Du kannst es haben – wenn du deine Zweifel loswirst und deine Ängste überwindest.

Erfolgreiche Menschen haben auch Angst. Sie handeln nicht ohne Angst. Sie handeln trotzdem.

Du kannst ein Verständnis dafür entwickeln, wann Sorgen, Ängste und Zweifel auftreten – und ihnen damit leichter ins Gesicht schauen. Denn wenn du verstehst, was sie auslöst, wofür sie da sind und warum sie dich eigentlich schützen sollen, kannst du sie besser für dich einordnen und dich auf dieser Grundlage anders entscheiden: für dich und gegen die Angst.

Je besser du die Gesetze des Universums verstehst, desto weniger wird dich die Angst heimsuchen. Das Verstehen löst

Angst auf, weil es Unbekanntes in Bekanntes verwandelt. Ein weiterer Aspekt deines Wachstums: Sprengst du Grenzen, fühlst du zwischendurch wahrscheinlich Chaos. Das ist ein ganz normaler Prozess, der zum Wandel gehört.

Du kannst dir vorstellen, dass dein Bewusstsein samt unterbewusster Prägungen wie Sand in einem Wasserglas ist, der sich unten abgesetzt hat. Machst du dir deine unbewussten Überzeugungen bewusst, wühlst du somit den Sand im Glas auf, das Wasser wird trüb. Der Sand wird sich neu anordnen und absetzen, das Wasser wird sich wieder klären. Diesmal anders, diesmal stimmiger mit dir. Doch während du mitten im Prozess bist, kannst du das Ergebnis nicht klar sehen. Übertragen kann es also durchaus sein, dass du zwischendurch verwirrt bist, alles in Frage stellst und dich das anstrengt. Das ist das typische Chaos in der Mitte, das jede Veränderung mit sich bringt.

Angst klopfte an. Vertrauen öffnete.
Keiner war draußen.
alte Weisheit

Beim Kuchenbacken entsteht auf dem Weg von Zutaten zum fertigen Kuchen Chaos in der Küche, genauso wie bei der Haussanierung vom alten zum neuen Zustand ordentlich Staub, Dreck und Baustellen entstehen. Wichtig ist: Du kennst deinen Zielzustand. Das Chaos geht vorbei. Also lass dich davon nicht abhalten.

Aus meiner Erfahrung hält die meisten Menschen niemand auf außer sie selbst. Du kannst wählen, ob du die Angst mächtig machst oder dein Vertrauen.

FEHLER SIND BUCHSTÄBLICH
DEINE HELFER

Einer meiner Coaches hat es schön auf den Punkt gebracht: „FEHLER sind HELFER". Wenn du die Buchstaben anders anordnest, ergeben sie einen völlig neuen Sinn.

Wer hat eigentlich gesagt, dass du im Leben keine Fehler machen darfst? Wer hat definiert, was ein Fehler ist? Davon ausgehend, dass du niemandem wehtust, wenn du deine Berufung lebst, kannst du nach meinem Verständnis keine Fehler machen. Denn vermeintliche Fehler bringen dich weiter.

Aus wissenschaftlicher Sicht gibt es kein gescheitertes Experiment. Denn ein Experiment, das nicht das angestrebte Ergebnis bringt, ist insofern erfolgreich, als dass es eine weitere Möglichkeit ausschließt, zum Ziel zu kommen. Nicht selten wurden auf dem Weg zu gewünschten Zielen ganz andere Dinge quasi „zufällig" entdeckt.

Du hast in Schulzeiten gelernt und angenommen, dass Fehler schlecht sind. Dass du schlecht bist, wenn du Fehler machst. In den Klausuren und Klassenarbeiten wurde rot angestrichen, was alles nicht in Ordnung war, sodass es dir besonders ins Auge fiel, damit du deinen Fokus darauf lenken konntest.

Ich hatte einen wunderbaren Deutschlehrer, der das anders gemacht hat. Bei Klassenarbeiten und Klausuren war bei ihm bei allen Schülern ähnlich viel rot markiert. Er nannte es Positivkorrektur. Denn er hat nicht nur Fehler angestrichen, sondern auch gute und sehr gute Passagen in Rot hervorgehoben und sie mit lobenden Ausrufezeichen versehen.

Stellst du dir dein Leben fehlerfrei vor? Vermutlich wird es dann ziemlich langweilig. Denn du lernst am besten, wenn auch mal

Dinge schieflaufen. Davon abgesehen, dass du selbst definierst, ob etwas wirklich schiefgelaufen ist. Häufig stecken hinter den augenscheinlich größten Niederlagen die schönsten Geschenke. Fehler sind der Turbo für deinen Erfolg. Fehler sind die schnellste Ausbildung auf dem Weg zu deinem Ziel. Zwischen Wissen und Erfahrung liegt der Weg zu deiner erfüllten Karriere.

Du kannst dich ein Leben lang perfekt vorbereiten, deine Träume zu verwirklichen – oder einfach loslaufen und auf dem Weg lernen. Der Hang zur Perfektion und Fehlerlosigkeit führt dich nur zu einem Ziel: ins Mittelmaß. Oder hast du schon einmal ein Kind gesehen, dass das Laufen gelernt hat, ohne je hinzufallen? Hätte es diesen Anspruch an sich selbst gehabt, hätte es das Laufen im Kindesalter sicher nie gelernt. Es gibt Menschen, die warten ein Leben lang auf den Moment, perfekt zu starten – und nehmen ihre Träume mit ins Grab.

Zudem kosten dich die letzten Prozentpunkte zur Perfektion so viel Kraft wie drei Viertel des Weges davor.

> *„Ich bin nicht gescheitert.*
> *Ich habe 10.000 Wege entdeckt,*
> *die nicht funktioniert haben."*
> *Thomas A. Edison, Erfinder*

Ja, es gehört eine Portion Mut dazu, Fehler in dein Leben einzuladen. Unter dem Strich bringt dich jeder Fehler weiter als alles, was glattläuft. Denn Fehler entstehen dort, wo du dich aus deiner Komfortzone wagst. Genau dort, außerhalb deiner Wohlfühlumgebung, entsteht dein Wachstum. Dort passieren die Wunder, dort werden Quantensprünge deines Potenzials möglich.

Wahrscheinlich wirst du am Ende deines Lebens nicht bereuen, etwas riskiert zu haben, wohl aber, es *nicht* getan zu haben. „Hätte, hätte, würde, könnte" – so möchtest du gewiss nicht auf dein Leben zurückblicken. Was kann alles passieren, wenn du es wagst? Umgekehrt: Was passiert, wenn du es *nicht* wagst?

WIE DU DEINE
ÄNGSTE UMARMST

Ängste, Sorgen und Zweifel sind ein gutes Zeichen. Sie zeigen dir, dass du auf dem richtigen Weg bist. Denn sie begegnen dir nur, wenn du neues Terrain eroberst. Dein bekanntes Terrain hat dich bislang schließlich nicht an dein Ziel geführt.

Du hast dein dir entsprechendes Ziel definiert – dein C-Ziel, das dich von innen heraus motiviert. Weil du den Weg allerdings noch nicht kennst, verursacht der Gedanke daran ein chaotisches Gefühl.

Die wenigsten Menschen leben ihre Visionen und Träume, weil sie in ihrer Komfortzone stecken bleiben und sich von sich selbst und ihren Ängsten aufhalten lassen. Damit erleben sie ihre Vergangenheit immer wieder aufs Neue. Es verändert sich nur wenig, Wachstum geschieht allenfalls in kleinen Schritten.

Willst du dazugehören? Oder willst du dein wirklich großes Ziel erreichen? Auf dem Weg zu diesem großen Ziel darfst du durch deine Ängste durchgehen, sie nicht negieren, sondern umarmen. Nimm sie an als das, was sie sind – und stelle dabei fest, dass sie beim näheren Hinsehen nichts sind, gegen das du kämpfen musst.

Gehe auf die Ängste zu, indem du ihnen ins Gesicht schaust. Indem du sie dir bewusst machst und dir sagst: „Es ist okay, dass ihr da seid. Denn ich weiß, ihr werdet mir etwas bringen, das mir auf dem Weg zu meinem Ziel dient." Sei bereit, alles an scheinbaren Hindernissen und Gefühlen zu empfangen, was dir auf deinem Weg begegnet. Denn du kannst nicht wissen, was dir hilft, zu deinem Ziel zu kommen – sonst wärst du bereits da.

Wer weiß, wofür dir das, was dir gerade Angst macht, dient? Weißt du, ob genau das gerade nötig ist, um deinem Ziel näherzukommen? Sobald du das Licht im Dunkel deiner Angst anknipst, wird sie nur noch halb so groß erscheinen. Die Schlüssel dafür sind Wissen und Verständnis.

Wie also gelangst du ans andere Ende der Angst? Im Folgenden erläutere ich dir die vier Schritte des psychologischen Prozesses dahinter.

SCHRITT 1:
DEIN STATUS QUO

Du bist derzeit konditioniert auf deinen Status quo. Damit geht ein ganz bestimmtes, individuelles Schwingungslevel einher, auf dem deine Zellen schwingen. Zur Erläuterung benenne ich dieses Level mit der Variablen X. Das bedeutet, du hast Gedanken der Sorte X, Gefühle der Sorte X und folglich sind deine Handlungen von der Sorte X. Entsprechend erhältst du natürlich auch Ergebnisse der Sorte X.

Somit harmonieren Bewusstsein, Unterbewusstsein und Handlungen miteinander. Alles operiert auf demselben Schwingungslevel. Du fühlst dich wohl, alles ist in Ordnung. Das ist deine Komfortzone. Gleichzeitig ist sie dein „inneres Gefängnis", denn du begrenzt dich zwangsläufig ausschließlich auf Ergebnisse bis zum Level X. Wachstum ist nur in geringem Maße möglich.

SCHRITT 2:
DEINE NEUE IDEE

Jetzt kommt eine ganz neue Idee in dein Bewusstsein. Eine Idee der Sorte Y: dein C-Ziel. Du beginnst, über Y nachzudenken – eine Idee, die du noch nie in deinem Leben umgesetzt hast.

Solange diese Idee allein in deinen Gedanken wohnt, geschieht mit deinem Schwingungslevel nichts. Entsprechend ändern sich weder deine X-Gefühle noch deine X-Resultate.

SCHRITT 3:
DEIN INNERER KONFLIKT

Diese Idee sackt über die Macht der Wiederholung in dein Unterbewusstsein, indem du immer wieder an sie denkst, über sie schreibst oder sprichst. Sobald sie dort ankommt, beeinflusst sie auch deine Gefühle. Damit trittst du in die entscheidende dritte Phase ein: deinen inneren Konflikt. Gefühle der Sorte X und Y existieren nun nebeneinander in deinem Unterbewusstsein. Das verursacht eine chaotische XY-Schwingung auf Zellebene.

Sorgen und Zweifel kommen dir ins Bewusstsein. Diese verursachen wiederum Angst im Unterbewusstsein und Beklemmung in deinem Körper. Du fühlst dich extrem unwohl. Im selben Moment rast du bildlich gesprochen in eine unsichtbare Barriere hinein: die Angst-Barriere.

In diesem entscheidenden Moment agieren selbstbestimmte und fremdbestimmte Menschen unterschiedlich: Fremdbestimmte lassen sich von der Angst abschrecken, schicken ihre Y-Idee nach Hause und gehen zurück in ihr inneres Gefängnis, in dem sie sich weiterhin auf X-Ergebnisse begrenzen. Selbstbestimmte Menschen durchbrechen die Barriere. Sie gehen weiter den Weg zu ihrem Ziel – nicht ohne Angst, sondern trotz ihrer Angst.

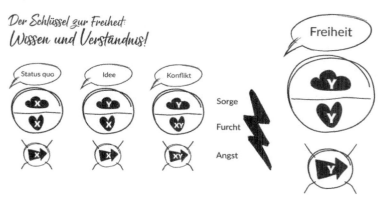

SCHRITT 4:
DEINE INNERE FREIHEIT

Die Belohnung dafür, dass du trotz deiner Angst gehandelt hast: Du kommst am anderen Ende der Angst aus – in deiner inneren Freiheit. Du hast deine Gedanken, Gefühle und Handlungen auf die Sorte Y umprogrammiert und ein neues Schwingungslevel erreicht, das in Harmonie mit deinem Ziel ist. Das bedeutet: Du hast es erreicht.

Der zweite Teil dieser Wahrheit jedoch ist: Diese Y-Gedanken, -Gefühle und -Handlungen sind nun dein nächstes „inneres Gefängnis", das dich begrenzt. Deine Reise beginnt mit dem nächsten Ziel wieder von vorn.

Das klingt anstrengend, ist aber Teil des Wachstums und des wahren Abenteuers namens Leben. Deine Komfortzone erweitert sich, deine Möglichkeiten vergrößern sich, dein Lebensstandard verbessert sich – und das geht umso schneller, je mutiger du bist. Je öfter du die Barriere durchbrichst, desto weniger Angst macht dir deine Angst. Weil du sie kennst und verstehst – und weißt, was an der anderen Seite auf dich wartet: dein erreichtes Ziel, erlebtes Leben, Vitalität, dein Vertrauen in dich und das Universum. Kurz: dein Leben, das wirklich Sinn für dich ergibt und dich erfüllt.

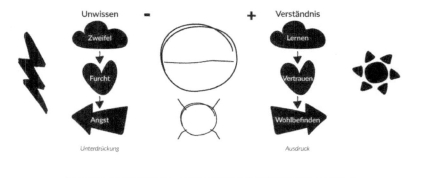

Der Unterschied zwischen Unwissen und Verständnis

ZUSAMMENFASSUNG

Du hast in diesem Kapitel erfahren, wie dein Wissen und deine Erfahrung dir helfen, deine Ängte und Zweifel zu überwinden. Du weißt jetzt, dass es in Wahrheit keine Fehler, sondern nur Erfahrungen gibt, und dass ohne sie kein Wachstum möglich ist. Die Kernfrage an dich ist nun:

**Bist du bereit, Fehler zu machen
und deine Ängste zu umarmen?**

PRAXISTEIL:
DEINE ZWEIFEL-LOSLASS-ÜBUNG

Um deine Zweifel loszulassen, darfst du sie erst annehmen und anschließend dafür sorgen, dass sie ihren Schrecken verlieren. Dieser Praxisteil hilft dir dabei.

1. Nimm dir Zeit für dich und dein Notizbuch zur Hand.

2. Schaue dir noch einmal deinen „Einkaufswagen" aus dem Universum mit den Dingen an, die du wirklich aus tiefstem Herzen willst. Unter der Überschrift: „Was ist, wenn ..." schreibst du nun alle schönen Konsequenzen auf, die es hat, wenn du dein Ziel erreicht hast. Schreibe in der Gegenwartsform. Du tust so, als seist du bereits am Ziel.

3. Als Nächstes hole deinen Mut-Check noch einmal hervor, in dem du beschrieben hast, was du aufgibst, wenn du *nicht* deiner Vision folgst und lies dir die Punkte aufmerksam durch.

4. Schlage nun eine frische Seite auf und unterteile sie mit einem senkrechten Strich in zwei Spalten. Schreibe in die linke Spalte all deine Zweifel, Sorgen und Ängste. Denke nicht darüber nach, sondern lass sie einfach zu Papier fließen. Schreibe so viele Punkte auf, wie du kannst. Am besten mehr als 20. So lässt du auch dein Unterbewusstsein zu Wort kommen und wirst dir deinen unbewussten Gedanken und Überzeugungen bewusst.

5. Wenn du fertig bist, betrachte diese Seite genauer. Du wirst feststellen: All das, was du aufgeschrieben hast, existiert nur in deinem Kopf. Oder?

6. Die gute Nachricht: Da du selbst deine Gedanken bestimmen kannst, kannst du auch diese hinderlichen und bedrückenden Gedanken loswerden. Nutze dafür deine Kreativität und schreibe in der rechten Spalte neben jeden Zweifel, jede Sorge, jede Angst mindestens eine Idee, wie du diese Herausforderung lösen kannst. Du wirst erstaunt sein, wie viele Lösungen du bereits jetzt kennst. Schon allein dieses Umdenken lenkt deine Energie positiv um.

7. Markiere dir zu guter Letzt noch die Ideen in der rechten Spalte, die du direkt umsetzen kannst – und starte sofort damit.

Schicke deine Zweifel nach Hause!

 Im Online-Bonus findest du eine weitere Übung dazu: www.bettina-poehler.de/buch.

„WAS, WENN MEINE FAMILIE UND FREUNDE MICH NICHT VERSTEHEN?"
Dein passendes Umfeld

„**D**u wirst so, wie der Durchschnitt der fünf Menschen, mit denen du dich am meisten umgibst." Als ich diesen vielfach zitierten Satz zum ersten Mal gelesen habe, wusste ich: Ich muss etwas ändern. Mein berufliches Umfeld als angestellte Führungskraft war nicht mehr das, wo ich meine persönliche Karriere sehen konnte. Dafür verbrachte ich dort eindeutig zu viel Zeit.

Ich konnte nichts anfangen mit großen Firmenjubiläen und dem Traum von einer auskömmlichen Rente. Nichts mit dem Beschweren über Umstände oder zu lange Prozesse, nichts mit Schwierigkeiten mit diesem oder jenem Kollegen. Obwohl es in meinem Job natürlich nicht durchgängig so war und obwohl ich die Kollegen noch heute als humorvolle und liebenswerte Menschen schätze: Es war einfach nicht mehr meine Welt.

Ich will etwas anderes von meinem Leben. Ich will das Leben spüren in jeder Sekunde. Ich will es nicht vertun mit Problemen und Beschwerden und Abhängigkeiten von Hierarchien, Abstimmungen und Kompromissen. Mein Leben darf bunt sein, blühen, sich ständig wandeln und an jedem Tag neue Freude bringen.

Menschen, die ihr Leben genau so leben, suchte ich zu der Zeit in meinem privaten und beruflichen Umfeld so gut wie vergebens. Also war klar: Veränderung musste her.

Wie sieht *dein* Umfeld aus? Mit wem umgibst du dich am meisten? Passt dein Umfeld zu deinen Zielen, Träumen, Wünschen?

Deine innere Logik ist sehr stark abhängig von deinem Umfeld. Denn dein Umfeld bestimmt, was du als normal und gegeben annimmst. Das setzt sich in deinem Unterbewusstsein als Glaubensmuster fest. Du beginnst, aufgrund der Überzeugungen deines Umfelds zu handeln – und erzielst so sehr ähnliche Ergebnisse wie die Menschen, mit denen du dich umgibst.

Folglich solltest du sehr gut auswählen, wer zu deinem inneren Kreis zählt und vor allem: wessen Logik du als wahr annehmen möchtest. Denn du hast jederzeit die Wahl, jeden Gedanken abzulehnen, der nicht zu deinen Zielen passt. Bist du mit deinen Überzeugungen jedoch allein auf weiter Flur, wird dir das sehr viel schwerer fallen.

Umgibst du dich stattdessen mit Menschen, die scheinbar Unmögliches erreichen, Quantensprünge machen und ein erfüllendes Leben führen, wirst du schon bald dazugehören.

SCHALTE DEINE
TRAUMDIEBE STUMM

Lass niemanden je deine Träume stehlen. Freunde, Eltern, Geschwister, Verwandte, Kollegen: Niemand lebt dein Leben außer dir selbst. Entsprechend hat niemand von ihnen genau deinen Traum, exakt deine Vorstellung von deiner Traumkarriere. Deswegen kann auch nicht jeder deinen Traum nachvollziehen. Das muss auch gar nicht so sein. Die Menschen, die dich lieben, lieben dich auch, wenn du in ihren Augen „verrückte" Ziele verfolgst.

Sie werden höchstens aus bestem Willen heraus versuchen, dich zu schützen, dir abzuraten. Du brauchst ihren Schutz nicht. Was du einzig brauchst, ist das Vertrauen in dich selbst und deine genialen Fähigkeiten. In *deinen* Weg, in dein Ziel. Als

Führungspersönlichkeit stehst du für dich selbst ein und übernimmst die Verantwortung für dein Leben.

Mal abgesehen davon, dass dich niemand vor dir selbst zu schützen braucht, kann diese Aufgabe auch niemand übernehmen. Denn nur du kennst deine ganz eigenen Lösungen, deinen ganz individuellen Weg.

Nimm Kritik von den Menschen an, die dort sind, wo du hinwillst. Höre hingegen nicht auf die, die ein Leben leben, das du für dich nicht gewählt hast. Denn die Ratschläge dieser Personen sind garantiert liebevoll und gut gemeint, helfen dir jedoch überhaupt nicht weiter. Denn deren Logik hat sie zu ihren aktuellen Ergebnissen geführt. Wenn du diese Ergebnisse für dein Leben aber so nicht erreichen willst, hilft dir deren Logik auch nicht weiter. Du kannst dich auf dich selbst verlassen – in jedem Moment.

> ***Tu dir selbst den Gefallen,***
> ***nicht allen zu gefallen.***

Für dich selbst einzustehen und deinen individuellen Weg zu gehen bedeutet vor allem, dass du den Mut haben musst, nicht allen Menschen zu gefallen. Das kann manchmal schmerzhaft sein und ungewohnt. Es bedeutet auch, dass du dich nicht mehr hinter der Norm verstecken kannst.

Doch eins ist sicher: Es lohnt sich! Du bist nicht hier, um dein Leben möglichst durchschnittlich und angepasst zu leben, damit du niemandem auf die Füße trittst und möglichst geräuschlos vor dich hinlebst.

Gehörst du zu den Menschen, die sich deswegen selbst oft kleinmachen? Betrittst du den Raum und sagst „Entschuldigung", weil du da bist? Entschuldigst du dich dafür, dass du eine Frage hast? Dafür, dass du eine Antwort kennst? Dafür, dass du dir Raum nimmst?

Relativierst du etwas, wofür du Lob erntest, indem du sagst: „Ach, nicht der Rede wert." Sagst du: „Das wäre doch nicht nötig gewesen!", wenn dir jemand etwas schenken möchte? Oder lehnst du Unterstützung ab: „Nein, das ist lieb, aber ich schaffe das schon allein." Machst du Geschenke klein, die du selbst mitbringst, indem du sagst: „Ist ja nur eine Kleinigkeit!"?

Wie oft machst du dich selbst kleiner als du bist? Wie oft hast du das bisher ganz automatisch getan, ohne dass du es bemerkt hast? Mache dir das einmal bewusst. Wie oft am Tag entschuldigst du dich für dich selbst?

Deine Sprache macht deine Gedanken hörbar. Also lohnt es sich, darauf zu achten, was du dir selbst erzählst. Mit Entschuldigungen machst du dich selbst klein. Also lass sie sein. Du bist nicht hier, um dich kleinzumachen.

Klein hilfst du der Welt nicht.

Lass dir nichts erzählen. Du musst nicht bescheiden sein. Du nimmst dir nicht zu viel heraus. Du bist nicht unverschämt, wenn du mehr vom Leben willst. Im Gegenteil: Je größer du selbst bist, desto mehr kannst du bewirken – für dich und für andere. Denn: *Klein hilfst du der Welt nicht!*

Jede einzige Sekunde deines Lebens ist ein Geschenk! Es ist deine Lebens-Pflicht, etwas daraus zu machen. Dafür bist du hier: um deine Träume zu verwirklichen.

Also: Tu dir den Gefallen, nicht allen zu gefallen. Auf deinem Weg bist du das einzige Problem, das du je haben wirst – und zugleich die einzige Lösung.

Was deine Freunde zu deinem neuen Weg sagen, ist irrelevant. Entweder sie unterstützen dich – oder nicht. Wenn sie wahre Freunde sind, werden sie dich unterstützen. Wenn sie dich nicht unterstützen, sind es vermutlich an dieser Weggabelung nicht mehr deine wahren Freunde, sondern schätzenswerter Teil deiner Vergangenheit.

Freunde erkennst du nicht nur daran, dass sie dir hochhelfen, wenn es dir schlecht geht. Freunde erkennst du vor allem auch daran, dass sie dich hochheben, wenn du beginnst zu fliegen.

SUCHE DIR GLEICHGESINNTE UND JEMANDEN, DER AN DICH GLAUBT

Es ist Juni 2019. Meine Familie und ich reisen durch den Osten der USA. Ich sitze in Florida am Pool, als ich über ein YouTube-Video stolpere. Da sitzt ein Mann mit weißen Haaren und Brille auf einem Stuhl in einem großen, pompösen, aber leeren Saal und erzählt, wie ein Mentor sein ganzes Leben verändert hat. Und dass er jetzt selbst Mentor ist. Und es ist eigenartig: Denn wie er so durch den Bildschirm spricht, fühle ich mich tatsächlich angesprochen.

Ich beschäftige mich mit dem, was er erzählt. Es klingt spannend. Gesetz der Anziehung, Macht der Gedanken, Verantwortung für das eigene Leben, Verwirklichung von Träumen. Seit mehr als einem halben Jahrhundert studiert er diese Dinge. Sein Name: Bob Proctor.

Er ist eine Koryphäe auf dem Gebiet der Persönlichkeits-entwicklung. Inzwischen bin ich Consultant bei Bob Proctor. Er und die Menschen in seinem Umfeld sind Menschen, die mich wirklich im Herzen inspirieren.

Ich bin in vielen weiteren Masterminds mit Menschen auf der ganzen Welt verbunden. Alle haben verrückte Ziele. Alle lieben es, ständig neue Impulse aufzusaugen. Alle zelebrieren das Leben, heben sich gegenseitig hoch. Alle wissen und leben jeden Tag mehr danach: Jede Sekunde im Leben zählt. In jeder Sekunde gibt es nur eine Person, die in der Hand hat, wie sie diesen Moment betrachtet: du selbst.

> *„Jeder übernimmt das Wesen und die Gewohnheiten und die Kraft der Gedanken der Menschen, mit denen er sich in Sympathie und Harmonie umgibt."*
> Henry Ford, Erfinder

Unter Gleichgesinnten zu sein, ist eine unglaubliche Erleichterung. Du kannst sein, wer du bist. Niemand bewertet dich. Zugleich hast du Vorbilder und kannst dich selbst neu erschaffen. Du erlebst, wie du dich jeden Tag neu inspirieren lassen kannst. Es wird dir nicht langweilig.

Vor allem bist du erfolgreich, sobald du andere dabei unterstützt, erfolgreich zu sein. Vorausgesetzt, dass jeder diese Idee verinnerlicht hat, ist das Konzept der Masterminds Gold wert. Dabei gibt es ein paar Regeln: Jeder unterstützt den anderen mit all seiner Energie, glaubt an sich selbst und an die anderen – und nimmt zugleich auch die Unterstützung der anderen an. Es gibt kein Aber, kein Jammern, kein schlechtes Reden über andere: Es geht um große Ziele! Dafür ist es wichtig, dass du offen bist für neue Ideen und Impulse. Dann sind Quantensprünge möglich, weil du dich eher traust, für dich unlogische Schritte zu gehen.

Wie das Wort schon sagt, wirkt eine Mastermind-Gruppe wie ein meisterlicher gemeinsamer Verstand. Ergebnisse und Ideen werden potenziert in ihrer Kraft. Eine solche Gruppe ist vergleichbar mit einem Set zusammengeschlossener Batterien:

Sobald sie gemeinsam wirken, können sie schaffen, was alleine nicht möglich ist. Je länger eine Mastermind-Gruppe zusammenarbeitet, desto besser funktioniert sie.

Die größten Erfinder, die wegweisenden Denker und Lenker haben sich zusammengetan. Ob Goethe und Schiller oder Henry Ford, Thomas Edison, Harvey Firestone und John Burroughs: Sie haben sich regelmäßig getroffen und neue Ideen entwickelt.

Wenn du einen neuen Weg einschlagen willst, hilft es darüber hinaus enorm, einen Mentor zu haben. Du hast dir wahrscheinlich das Autofahren nicht selbst beigebracht. Genauso wenig wie den Beruf, den du jetzt ausübst. An diesen Stellen im Leben ist es allgemeingültig, einen Lehrer zu haben, jemanden, der dir zeigt, wie es geht. Interessanterweise zeigt dir aber niemand automatisch, wie das Leben und dessen Gesetzmäßigkeiten funktionieren, sodass du sie anwenden kannst.

Du kannst von einem Mentor nicht nur viel lernen und dir Abkürzungen zeigen lassen. Vor allem kannst du dir dort gelegentlich auch den Glauben an dich selbst ausborgen. Denn nur, wenn du an deinen Weg glaubst, wird er sich dir auch zeigen. Es ist alles eine Frage der Energie. Du bekommst, was du ausstrahlst.

Darum solltest du es dir wert sein, dir einen Mentor zu nehmen. Es zahlt sich immer aus. Suche dir jemanden, der ein paar Schritte weiter ist als du und der zu dir passt, mit dem du auf einer Wellenlänge bist.

Du hast sicher schon viel im Leben in Dinge investiert, in Materielles, vielleicht auch in eine gängige Ausbildung. Die wenigsten Menschen investieren jedoch aktiv und gezielt in sich selbst und ihren Weg. Dabei bist du selbst dein größtes Kapital!

Wann immer die Ökonomie ihren Schwankungen unterliegt, Umstände die Welt Kopf stehen lassen: Wenn *du* weißt, wie du die Verantwortung für dein Leben in jedem Moment übernimmst, sitzt du immer am Steuer. Ein Mentor ist eine Investition in deine Lebensqualität. Darum habe ich selbst immer Mentoren. Ich bin gleichzeitig auch Mentorin für diejenigen Führungspersönlichkeiten, die meinem Weg hin zur sinnhaften Karriere folgen wollen.

ZUSAMMENFASSUNG

★★ Du hast in diesem Kapitel erfahren, welche Rolle dein Umfeld für deinen Erfolg spielt und warum du es sehr bewusst wählen solltest. Beantworte dir folglich diese Frage:

Wie soll dein Wunsch-Umfeld aussehen?

PRAXISTEIL:
ERSCHAFFE DEINE MASTERMIND-GRUPPE

Hast du schon das passende Umfeld zu deinen Zielen? Wenn nicht, beginne jetzt, es zu erschaffen. Gründe deine eigene Mastermind-Gruppe mit einer oder gleich mehreren inspirierenden Personen.

1. Nimm dir Zeit und überlege, welche Menschen in deinem bestehenden Umfeld dich inspirieren, zu Höchstleistungen anspornen. Gibt es da jemanden? Zum Beispiel in deiner Familie, im Freundes- oder Kollegenkreis, in einem Verein? Sprich denjenigen an und teile das Mastermind-Konzept mit dieser Person. Macht gemeinsam regelmäßige Treffen oder Gespräche aus, zum Beispiel 14-tägig.

2. Wenn du niemanden hast, überlege dir, wer dein Vorbild ist und schaue in den sozialen Netzwerken nach Kontakten oder Gruppen, die ähnliche Ziele anstreben. Es gibt auch Vereine, die sich zusammentun, um sich unter Gleichgesinnten auszutauschen.

3. Darüber hinaus gibt es auch die Möglichkeit, bei den Teilnehmern von Mentoring-Programmen Master-mind-Mitglieder zu finden.

Wenn du jetzt noch keine Idee hast, wie du deine Mastermind-Gruppe gründen kannst, behalte diesen Gedanken für die nächsten Tage und Wochen als Ziel im Kopf und überprüfe, wo sich Möglichkeiten finden. Ich bin sicher, sie werden sich dir zeigen.

 Gern inspiriere auch ich dich mit Ideen. Mehr dazu im Online-Bonus: www.bettina-poehler.de/buch.

5

„IST DAS NICHT HOKUSPOKUS?"

Nahrung für deinen Kopf: Beweise aus der Wissenschaft

Ich bin als Kopfmensch großgeworden: Typ Exceltabelle, gleichzeitig stets offen für neue Impulse. Zu Schulzeiten habe ich die Mathematik geliebt – ebenso wie physikalische Zusammenhänge. Insbesondere die Beweisführung hat mir riesigen Spaß gemacht. Ich habe mich gefreut, wann immer ich unter Gleichungen oder Experimente in mein Schulheft schreiben konnte: q. e. d. (Lateinisch: „quod erat demonstrandum" – „was zu beweisen war"). Mein Kopf liebt Beweise.

Den klassischen Weg in die Naturwissenschaften bin ich dennoch nicht gegangen – als Beruf hat es mich einfach nicht gereizt. Auch an die Astronautin habe ich zu diesem Zeitpunkt nicht mehr ernsthaft gedacht. Doch es ist kein Zufall, dass mich Physik, Biologie und weitere wissenschaftliche Disziplinen heute wiedergefunden haben und auf eine andere Weise begeistern – im Kontext der Persönlichkeitsentwicklung.

In diesem Kapitel erläutere ich ein paar Grundlagen aus unterschiedlichen Lehren, die dir eine erhellende Perspektive auf das Universum und deinen Platz darin ermöglichen. Die Ausführungen haben keinen Anspruch auf wissenschaftliche Tiefe. Vielmehr geht es um die Verknüpfung der Themen zu einem großen Ganzen, damit du die Zusammenhänge zwischen den Gesetzen des Universums und dir als menschlicher Teil dessen begreifen und auf deine sinnhafte Karriere übertragen kannst.

ALLES IST ENERGIE:
DIE 7 GESETZE DES UNIVERSUMS

Die Gesetze des Universums wirken immer. Ob du an sie glaubst und sie verstehst oder nicht. Sie sind zudem eng miteinander verzahnt. Die Gesetzmäßigkeiten basieren auf dem Verständnis der Quantenphysik, dass alles im Universum Energie ist.

Auch du bist folglich reine Energie – die Energie, die allem im Universum innewohnt. Entsprechend bist du mit allen und allem in diesem Meer aus Energie verbunden. Es gibt keine Grenzen. Auch deine Gedanken und Gefühle, deine Worte und Taten sind Formen dieser selben Energie. Sie erschaffen deine Realität.

> *„Der Geist bewegt die Materie."*
> *Vergil, Dichter*

Der Kosmos (aus dem Griechischen: „Ordnung") funktioniert nach einer ganz bestimmten Ordnung, mit der sich unterschiedlichste wissenschaftliche Disziplinen schon seit Jahrtausenden auseinandersetzen.

Passagen in geistlichen Schriften wie der Bibel beschäftigen sich mit der Schöpfung und der Kreativität. Mysterien wie das des Heiligen Grals befassen sich damit. Darin geht es heruntergebrochen darum, in sich selbst Erfüllung zu finden und ein neues Bewusstsein zu erlangen. Im Alten Ägypten, in der griechischen Antike oder auch in Indien: Die universellen Gesetze sind seit jeher Untersuchungsgegenstand von Astrologen, Philosophen, Geistlichen und Naturwissenschaftlern.

Es ist unbezahlbar, die Universums-Gesetze zu kennen und zu begreifen, denn sie befördern dich automatisch auf den

Chefsessel deines eigenen Lebens. Es ist immer an dir, was du aus deinem Leben machst. Immer.

Es gibt unterschiedliche Kategorisierungen und Benennungen der Gesetzmäßigkeiten – sie beschreiben jedoch alle im Kern dasselbe: den Menschen als Schöpfer der eigenen Realität in einem Meer von Energie.

In diesem Kapitel fasse ich die sieben primären Gesetze des Universums zusammen, die auf die Hermetik zurückgehen – eine religiös-philosophische Offenbarungslehre.

DAS GESETZ DER ANZIEHUNG UND
DAS DER SCHWINGUNG

Schon in der Antike hieß es in der heraklitischen Lehre: „Panta rhei" – „Alles fließt". Das Gesetz der Schwingung unterstützt diese Annahme: „Alles schwingt". Alles ist reine Energie. Jedes noch so kleine Partikelteilchen ist in Bewegung – auch wenn du diese Bewegung nicht mit bloßem Auge wahrnehmen kannst. Es gibt keinen Stillstand.

Jede Zelle deines Körpers schwingt ohne Unterlass. Wie kannst du dir deine Schwingung bewusst machen? Sie drückt sich in deinen Gefühlen aus. Dadurch, dass deine Emotionen deinem Unterbewusstsein entspringen und dein Unterbewusstsein dein Handeln überwiegend steuert, sind deine Gefühle entscheidend für die Resultate in deinem Leben.

Ein Untergesetz dieses Gesetzes der Schwingung ist das Gesetz der Anziehung. Es besagt, dass du mehr davon in dein Leben ziehst, wofür du am meisten Gefühl aufwendest – egal ob bewusst oder unbewusst. Lenkst du deine Gefühle am meisten auf Freude und Leichtigkeit, liefert dir das Leben mehr Gelegenheiten für Freude und Leichtigkeit. Fühlst du dich hingegen vorwiegend beschwert und besorgt, bringt dir das Leben mehr sorgenvolle Momente. Denn du kannst nur Dinge in dein Leben ziehen, die in Harmonie sind mit deinem Schwingungslevel.

Zum Vergleich: Auch dein Radio kannst du auf verschiedene Frequenzen einstellen. Wählst du den Nachrichtensender, kannst du auf dieser Frequenz auch nur die Nachrichten empfangen. Schaltest du um auf das Kulturprogramm, empfängst du dort nur genau das. Bei der Telefonie ist es ähnlich: Es gibt unzählige Frequenzen. Deine Handynummer hat genau eine davon. Man kann dich nur erreichen, wenn man exakt diese Nummer wählt.

Der Ursprung deiner anziehenden Frequenz sind deine Gedanken. Denn deine Gedanken rufen deine Gefühle hervor. Sie sind die Quelle deiner Schöpferkraft. Das heißt: Du kannst über die Gedanken, die deine Gefühlswelt bestimmen, deine Frequenz beeinflussen, auf der du schwingst.

Du kennst sicher diese Tage, an denen alles auf einmal schiefläuft. Bist du einmal auf der Frequenz des Schieflaufens und verstärkst sie durch dein Bewusstsein, wirst du mehr Dinge anziehen, die schieflaufen. Du kennst umgekehrt sicher auch die Tage, an denen auf einmal alles gelingt. An diesen Tagen wirst du zugleich auch erwarten, dass mehr gelingt – und genau so wird es am Ende auch kommen.

Du kannst dir alles in dein Leben ziehen, was du dir vorstellen und womit du dich emotional verbinden kannst. Das Geheimnis ist, dass du dich in die passende Schwingung versetzt und vom Ziel ausgehend denkst – oder besser gesagt: fühlst. Denke darüber nach, wie dein Zielbild aussieht – anstatt dich aufzuhalten mit Gedanken darüber, was du *nicht* willst.

Ab dem Moment, ab dem dir das gelingt, hast du die zu deinem Ziel passenden Gedanken, Gefühle und Handlungen verinnerlicht – und wirst es automatisch auch erreichen. Es gilt die Regel: Je höher deine Schwingung, desto mehr Fülle ziehst du in dein Leben.

Dr. David Ramon Hawkins, US-amerikanischer Arzt und Psychiater, hat eine Bewusstseinsskala entwickelt, die die verschiedenen Gefühle anhand ihrer jeweiligen Frequenz bestimmten Bewusstseinsphasen zuordnet.

Ab dem Moment, ab dem du deinen Mut hervorholst, begibst du dich in eine Schwingungsebene, die dir ausgedehnte Ergebnisse und Wachstum im Bewusstsein ermöglicht. Dort beginnt das Bewusstsein für Fülle statt für Mangel.

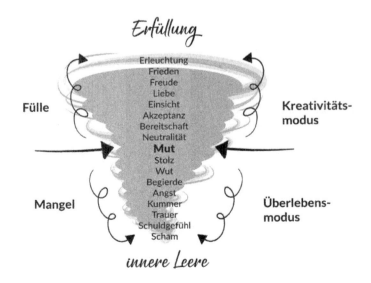

Du kannst anhand dieser Grafik erkennen, wie stark die Schwingungen sind, die du aussendest. Je mehr du dich auf die höheren Ebenen fokussierst, desto stärker strahlst du ins Feld – und desto magnetischer wirst du für Ereignisse, die genau auf diesen hohen Frequenzen liegen. Du kannst dich im wahrsten Sinne des Wortes hochschwingen.

Diese bildliche Darstellung zeigt, was dein Lebenssinn ist: Fühle dich gut! Das ist alles. Fühle dich in Frieden, in Freude, in Liebe, in Dankbarkeit – und du trägst dein Licht in die Welt. Du bereicherst das globale Bewusstsein und erhöhst damit die gesamte Frequenz.

> *„Nicht die Glücklichen sind dankbar.*
> *Es sind die Dankbaren,*
> *die glücklich sind."*
> Francis Bacon, Philosoph

Du hast ganz eigene Ideen und Möglichkeiten, *wie* du das machst. Das ist das Schöne: Du bist ein Puzzleteil im großen Ganzen, niemand ist wie du. Niemand lebt den eigenen Lebenssinn wie du. Daher ergänzen sich alle zusammen perfekt. Und es ist genug für alle da.

Ein wichtiger Schlüssel, mit dem du deine Schwingung sofort erhöhst und dein inneres Wachstum vorantreibst, ist Dankbarkeit. Die Frequenz von Dankbarkeit liegt im Bereich der Fülle. Darum ist dieses Gefühl so kraftvoll, wirkt fast magisch.

Inspiriert von der amerikanischen Persönlichkeitsentwicklerin Mary Morrissey unterscheide ich zwischen drei unterschiedlichen Formen der Dankbarkeit, die wiederum auf unterschiedlichen Frequenz-Ebenen schwingen.

1. **Konditional: Die Dankbarkeit, *wenn* etwas ist**
Die niedrigste Schwingung wohnt der Dankbarkeit inne, die du abhängig von einem Umstand spürst, der in der Zukunft eintreten soll. Zum Beispiel: „Ich bin dankbar, *wenn* ich ein bestimmtes Karriereziel erreicht habe."

2. **Kausal: Die Dankbarkeit, *weil* etwas ist**
Etwas höher wird deine Schwingung, wenn du dankbar bist, weil ein bestimmter Umstand bereits eingetroffen ist. Dennoch bist du auch dort noch immer abhängig von der Umwelt und nicht dankbar von innen heraus. Zum Beispiel: „Ich bin dankbar, *weil* ich ein bestimmtes Karriereziel erreicht habe."

3. **Bedingungslos: Die Dankbarkeit *in diesem Moment***
Die höchste Schwingung hast du in der Dankbarkeit für und in diesem einen Moment – unabhängig von Dingen, die geschehen sind oder die du dir für die Zukunft wünschst. Zum Beispiel: „Ich bin dankbar, *dass* mir ein neuer Tag geschenkt wurde."

Je mehr du dich in Dankbarkeit übst, desto mehr wundervolle Dinge ziehst du in dein Leben. Denn umso mehr nimmst du Dinge wahr, für die es sich lohnt, dankbar zu sein. Gleiches zieht Gleiches an.

Die Menschen, die ihr Leben selbst gestalten, haben Dankbarkeitsrituale: Zum Beispiel schreiben sie morgens oder abends Dinge auf, für die sie dankbar sind.

Je mehr du dieses Gefühl der tiefen Dankbarkeit spürst, desto eher kannst du es auch auf die Zukunft übertragen und zusätzlich dazu dein Erinnerungsvermögen nutzen: Fühlst du Dankbarkeit für Dinge, die du in Zukunft erleben willst, suggerierst du deinem Verstand, sie seien bereits geschehen.

Du hebst deine Schwingung auf das passende Level deines Zielzustands und erreichst ihn damit auch.

Ich bin überzeugt: Schon die Kleinsten profitieren von diesem Bewusstsein der Dankbarkeit. Denn: Auch sie ziehen an, wofür sie dankbar sind.

Mein Mann und ich haben mit unserer Tochter Hannah ein Dankbarkeitsritual gestartet, als sie vier war. Seitdem nennt jeder von uns jeden Abend mindestens drei Dinge, für die er heute dankbar ist. Das lässt sie mit einem wohligen Gefühl einschlafen. So lernt sie früh, dass Fülle überall ist – dass es sich zugleich für jeden einzelnen Aspekt lohnt, dankbar zu sein. Denn wenn du die Fülle nicht zu schätzen weißt, wirst du davon niemals „er-füllt" sein können.

DAS GESETZ
DER UMWANDLUNG VON ENERGIE

Nichts im Universum wird erschaffen oder zerstört. Alles ist Energie – in unterschiedlicher Form. Alles, was du mit deinen Sinnen wahrnehmen kannst, was du hören, sehen, schmecken, tasten, riechen, anfassen kannst, ist Ausdruck von Energie in einer bestimmten Schwingungsform. Auch du bist schwingende Energie.

Das Gesetz der Umwandlung beschreibt den kreativen Prozess von der Feinstofflichkeit zur Stofflichkeit, vom Gedanken zu dessen Verwirklichung – zur Manifestation. Die Energie ist immer da. Sie wird lediglich in ihrer Form ständig umgewandelt. Du bist umgewandelte Energie. Wenn du eines Tages deinen Körper verlässt, nimmst du eine andere Energieform an.

Gemäß dem Gesetz der Umwandlung wandelt sich Energie immer in physische Form um. Auch Gedanken und Ideen sind

Energie. Jeder Gedanke, der ausreichend genährt wird, wird umgewandelt in seinen physischen Konterpart. Alles im Leben wird zweimal erschaffen: erst in Gedanken, dann in seiner tatsächlichen Form. Schau dich in deinem Leben um. Alles, was du wahrnehmen kannst, gab es zunächst als Idee.

Wie alle universellen Gesetze funktioniert auch dieses immer zuverlässig: Deine Gedanken, die dich emotional berühren, werden sich in deinem Leben manifestieren. Das Leben bewertet dabei nicht. Es macht keinen Unterschied, ob du deine Gefühle von positiven oder negativen Gedanken bestimmen lässt. Es antwortet nur neutral auf das, was du am meisten aussendest – und gibt dir mehr davon.

DAS GESETZ
DES RHYTHMUS

Dieses Gesetz besagt, dass das Leben in Zyklen und Rhythmen verläuft. Ebbe und Flut, Tag und Nacht, Vollmond und Neumond, Sonnenaufgang und Sonnenuntergang, einatmen und ausatmen: Das sind einige Beispiele für sichtbare und spürbare Ausprägungen dieses Gesetzes.

Alles im Kosmos bewegt sich zwischen Werden und Vergehen. Alles wächst – oder stirbt. Zu jeder Aktion gibt es immer eine entsprechende Reaktion.

Das Gesetz des Rhythmus ist auch der Grund dafür, dass du dich nicht dauerhaft im Glückszustand befindest. Wäre das so, könntest du es nicht einmal bemerken, da du keinen entsprechenden Gegensatz in Relation setzen könntest.

Das Gute daran ist: Auf jedes Tief folgt ein Hoch. Alles wandelt sich ständig. Beides ist Gesetz. Du kannst dich also auf die guten Zeiten schon freuen, wenn du gerade feststeckst.

Du kannst das Gesetz des Rhythmus für dich nutzen, indem du es dir in deinem täglichen Tun bewusst machst: Auf Phasen des Tuns folgen Phasen der Regeneration. Beide sind gleichermaßen wichtig. Das bestätigen auch Spitzensportler.

Du kennst das sicher von dir selbst: An einem anstrengenden Tag noch eine weitere wichtige Aufgabe zu erledigen, die dazu auch noch anspruchsvoll ist, funktioniert nur schleppend. Du brauchst dafür viel länger, wenn du es trotzdem noch tust, als wenn du es am nächsten Tag mit frischem Kopf angehst.

Daher erlaube dir bei allem, was du tust, auch die Regeneration. Agierst du im Einklang mit deinem ganz persönlichen Schaffensrhythmus, erreichst du mehr in weniger Zeit – mit mehr Leichtigkeit.

DAS GESETZ

DER POLARITÄT

Das Gesetz der Polarität beschreibt, dass alles im Universum einen gegenteiligen Pol hat: heiß – kalt, innen – außen, gut – schlecht, Yin – Yang. Du hast eine rechte und eine linke Körperhälfte, eine Vorder- und eine Rückseite. Erst die Polarität ermöglicht deine Existenz. Denn es bedeutet auch, dass du auf eine ganz bestimmte Art bist und dein Leben führst – auf eine andere Art eben nicht. Gäbe es das Sein und Nicht-Sein nicht, könntest du nicht existieren – ebensowenig wie alles andere im Universum.

Für deine Wahrnehmung ist das eine wesentliche Erkenntnis: Es bedeutet, dass alles, was du möglicherweise im ersten Moment als schlecht beurteilst, auch einen gleichermaßen guten Anteil haben muss. Mithilfe deiner Wahrnehmung kannst du diesen guten Anteil ausmachen. Hinter jedem Problem steckt ein Geschenk. Zu jedem negativen Gedanken gibt es einen entsprechend positiven. Wenn du also beispielsweise statt deinen Zweifeln deine Chancen siehst, wirst du auch Chancen erkennen und nutzen können, die du sonst nicht sehen würdest.

Mache dir bewusst, dass alles zwei Pole hat, und du bist automatisch Leader deines eigenen Lebens: Denn du kannst damit jede Situation durch deine Wahrnehmung anpassen, wie du es wählst. Du hast immer die Wahl.

Mit ein bisschen Übung stellst du fest: Alles *ist* einfach. Jeder Umstand, jede Situation wird erst dann schlecht, sobald sie von dir so bezeichnet wird.

Nutze das Gesetz und mache dir zur Gewohnheit, in jeder Situation und in jedem Menschen etwas Gutes zu sehen – natürlich auch in dir selbst. Denn das, worauf du dich fokussierst, verstärkt sich in deinem Leben.

Das darf auch manches Mal herausfordernd sein – ohne Frage. Nur: Im Kern entscheiden das Wissen und die Anwendung dieses Gesetzes darüber, ob du dein inneres Wachstum ausleben kannst oder ob du durch unerfüllte Sehnsüchte unzufrieden wirst.

DAS GESETZ
DER RELATIVITÄT

Alles ist relativ. Genau wie die Gesetze des Universums. Denn sie wirken nur, weil sie zueinander in Relation gesetzt werden. Beispielsweise ist dein Schwingungslevel erst dann niedrig oder hoch, sobald du es in Beziehung zu weiteren Ebenen setzt.

Genauso sind auch Ergebnisse in deinem Leben relativ. Dein Einkommen ist erst dann viel oder wenig, wenn du einen Bezugspunkt hast. Deine Partnerschaft ist nur gut oder schlecht, wenn du sie ins Verhältnis setzt zu anderen zwischenmensch-lichen Beziehungen. Dein Verstand entscheidet, ob du eine Schwierigkeit als groß oder klein wahrnimmst.

Das ist der Grund, warum mich das Weltall so fasziniert. In dem Moment, in dem du in die Sterne schaust und dich ins Verhältnis zum unendlichen All setzt, gelingt es, dass du deine Herausforderungen nicht mehr so wichtig nimmst. Diese Perspektive ist so unglaublich erleichternd.

Genauso wird es immer Menschen geben, die gewisse Dinge besser können als du. Gleichzeitig wirst auch du immer einige Dinge besser können als andere.

So kommt es immer auf dich selbst und deine Sichtweise an, wie du dich selbst bewertest – und wie du dich fühlst. Mache es dir zur Gewohnheit, dein Leben so in Relation zu setzen, dass du es als großartig ansiehst. Konzentriere dich auf das, was dir dient. So machst du dich nicht klein, sondern wächst über dich hinaus.

Du entdeckst deine Fähigkeiten und stärkst deine Stärken. Du findest, was dir Freude bringt. Du wirst Großartiges leisten und die Karriere deines Lebens erschaffen und ausleben können.

DAS GESETZ
VON URSACHE UND WIRKUNG

Der Philosoph und Schriftsteller Ralph Waldo Emerson nannte dieses Gesetz „das Gesetz der Gesetze". Es besagt: Was du ins Universum aussendest, kommt zu dir zurück. Jede Aktion verursacht eine entsprechende Reaktion.

Es gibt im Universum keine Zufälle. Alles geschieht nach Gesetz. Jede Auswirkung muss eine Ursache haben. Genauso muss jede

Ursache eine Wirkung haben. Entsprechend leben wir in einem immerwährenden Zyklus von Ursache und Wirkung.

In Bezug auf dein Leben bedeutet das: Du kannst Ursachen bewusst setzen, um erwünschte Wirkungen zu erzielen. Wenn du dich um die Ursache kümmerst, musst du dich um das Ergebnis nicht mehr kümmern. Die Ursache liegt indes immer in deinem Bewusstsein, in deiner Schwingung, mit der du Dinge in dein Leben ziehst. Also: Achte auf deine Gefühle, sie verursachen zuverlässig deine Zukunft.

Fühle dich als wohlhabende Person – und du wirst wohlhabend sein. Sorge dafür, dass andere sich wohlhabend fühlen – und du wirst Wohlstand erleben. Kümmere dich um deinen Körper und fokussiere dich auf die Gesundheit in jeder einzelnen Zelle – und du wirst Wohlgefühl erfahren.

Umgekehrt bedeutet das: Ärgerst du dich, verursachst du Ärger in deiner Zukunft. Konzentrierst du dich auf Probleme, verursachst du eine problematische Zukunft. Eine Energie-Investition, die sich sicher nicht lohnt.

Eines meiner liebsten Konzepte in dem Zusammenhang ist: „Verlasse jeden Menschen so, dass er einen Mehrwert davon hatte, dich getroffen zu haben."

Ob der Taxifahrer, der Mann vor dir in der Schlange an der Kasse oder die Passantin, die du beim Spaziergang triffst: Schenke den Menschen Aufmerksamkeit durch ein Lächeln, ein paar nette Worte, ein ernst gemeintes Kompliment, ein freundliches „Dankeschön" oder eine nette Begrüßungsgeste. Höre Menschen aufmerksam zu und nimm sie ernst. Das Schöne daran: Du versetzt dich selbst auch gleich in positive Energie. Das gibt gute Laune und mehr Freude in jeder Sekunde.

So wirkst du automatisch anziehend auf Menschen. Du sendest positive Energie aus – und lädst diese damit gleichzeitig in dein Leben ein.

DAS GESETZ
DES GESCHLECHTS

Das Gesetz des Geschlechts ist das Gesetz der Schöpfung. Es konstatiert, dass in allem im Universum ein männlicher und ein weiblicher Anteil innewohnt. Es braucht beides zum Leben.

Ohne dieses duale Prinzip gäbe es keine Unterschiede, keine Transformation, kein Wachstum, keine Polarität – kurz: keine Existenz. Weibliche und männliche Energien gemeinsam machen den kreativen, schöpferischen Prozess erst möglich.

Zudem beinhaltet das Gesetz des Geschlechts, dass jede Saat eine gewisse Zeit braucht, um sich physisch zu manifestieren. Für Pflanzen gilt das ebenso wie für die Verwirklichung von Ideen, wenn Gedanken als geistige Saat begriffen werden.

Wenn du also ein Ziel wählst und dich damit emotional verbindest, braucht es eine ganz bestimmte Zeit, bis du dieses Ziel erreichst und es in deiner Wirklichkeit sichtbar wird. Genauso wie ein Baby neun Monate im Mutterleib heranwächst, gibt es auch für deine Ideen eine ganz bestimmte Zeit zur Verwirklichung.

Darüber hinaus braucht es Energie, damit etwas wachsen kann. Während Pflanzen Licht, Wärme, Wasser und Nährstoffe benötigen, manifestieren sich unsere Gedanken passend zum Energielevel, mit dem wir sie füttern.

Es gibt einen Weg, den Zeitraum zu verkürzen, indem du dich auf dein Ziel konzentrierst. Genau wie du Wasser zu einem

Strahl bündeln kannst, damit er mehr Kraft hat, oder Licht zu Laser, genauso kannst du auch deine Gedanken fokussieren und damit schneller zum Ziel gelangen. Konzentration ist sozusagen der Dünger für deine gedankliche Saat.

Die Universums-Gesetze finden sich auch in Erkenntnissen aus unterschiedlichen Wissenschaftszweigen wieder. Ganz gleich, aus welcher Perspektive du auf das Universum schaust: Diese Gesetze bestimmen dein Leben. Sie zu verstehen befähigt dich, es bewusst in die Hand zu nehmen und mit ihrer Unterstützung deine sinnvolle Karriere zu gestalten, die weit mehr ist als nur ein Job. Denn sie wirken immer. Also tust du gut daran, sie zu deinem Vorteil zu nutzen.

Nichts im Leben ist Zufall.
Alles geschieht nach Universums-Gesetz.

Daher hebe nun mit mir gemeinsam in die Sphären des Weltalls ab, um aus den Tiefen des Universums einen Blick aufs große Ganze zu erhaschen. Schnall dich an und komm mit mir auf eine Gedanken-Zeit- und Raumfahrt. Lass dich ein auf eine Reise zu den Fragen und Antworten der Wissenschaft – für deine neue, erweiterte Perspektive auf Sinn, Erfüllung und Traumkarriere, für deine neue Perspektive auf dein Leben.

DU BIST DAS UNIVERSUM: QUANTENPHYSIK, NEUROWISSENSCHAFTEN UND RÄTSEL DER FORSCHUNG

Du bist Energie. Das gesamte Universum ist Energie. Entstanden vor 13,8 Milliarden Jahren dehnt es sich seither immer weiter aus. Es wächst. Alles, was existiert, ist Wachstum. Doch: Was genau ist dieses Universum? Wer bist du in diesem Kosmos? Und: Welche Rolle spielt darin dein Bewusstsein, mit dem du dein Leben erschaffst?

Die verschiedensten wissenschaftlichen Disziplinen belegen: Du *bist* das Universum. Das Universum ist Bewusstsein. Dein Bewusstsein ist unvorstellbar mächtig – denn du bist darüber mit der unendlichen Intelligenz des Kosmos verbunden.

„Alle Materie entsteht und besteht nur durch eine Kraft, welche die Atomteilchen in Schwingung bringt und sie zum winzigsten Sonnensystem des Alls zusammenhält. Wir müssen hinter dieser Kraft einen bewussten intelligenten Geist annehmen. Dieser Geist ist der Urgrund aller Materie."
Max Planck, Vater der Quantenphysik

Die Wissenschaft beweist: Dein Geist hat eine enorme Kraft. Du bist ein Schöpfer – in einem Maße, das schier unbegreiflich ist. Die folgenden Seiten geben dir einen Eindruck davon, woher deine wahre Großartigkeit rührt und welches Genie in Wahrheit in dir schlummert. Es ist so groß, dass ein Leben nicht reichen wird, es aufzuwecken und in seiner vollen Größe zu entfalten. Du bist unendlich. Denn der Kosmos ist unendlich. Je mehr du dessen Gesetzmäßigkeiten verstehst und anwendest, desto mehr kannst du kreieren.

DU BIST DER TANZ

DER QUANTENFELDER

Was genau steckt dahinter, hinter diesem unendlichen Weltall? Die aktuell besten Theorien der Wissenschaft konstatieren, dass das Universum nicht aus den bislang entdeckten kleinsten Partikeln – den Elektronen und Quarks – besteht, wie eine Zeitlang angenommen.

Vielmehr setzt sich alles im Universum aus wesentlich abstrakteren Bausteinen zusammen: aus flüssigkeitsähnlichen Substanzen, die sich in unterschiedlichen Formen kräuseln. Diese Substanzen nennt die Quantenphysik „Felder". Die Kräuselungen der Wellen werden in Energie gebündelt. Diese Bündelungen sind die kleinsten Teilchen, die Elektronen.

Die Entdeckung von Feldern an sich ist nicht neu, sondern wurde schon Anfang des 19. Jahrhunderts von Michael Faraday in Form des elektromagnetischen Feldes beschrieben. Die geniale Feststellung dahinter: Obwohl du zwischen zwei Magneten mit gleichem Pol, die du aneinanderhältst, nichts siehst, obwohl der Raum leer zu sein scheint, spürst du eine Kraft dazwischen. Diese hat Faraday mit dem Magnetfeld beschrieben.

Er demonstrierte, dass es möglich ist, etwas zu bewegen und zu beeinflussen, ohne es je zu berühren. Das tat er mit Hilfe von zwei Spulen, angeschlossen an eine Batterie: Er bewegte eine Spule an der einen Seite des Tisches und an der anderen Seite des Tisches bewegte sich eine Nadel.

Dieses Prinzip wendest du täglich an: Du wählst auf deinem Telefon eine bestimmte Tastenkombination und erreichst damit jemanden am anderen Ende der Welt. Ohne direkten Kontakt. Es kommt einzig auf die Frequenz, die Schwingung an.

Das ist auch das, was mit dem „Gesetz der Anziehung" beschrieben wird: Nimmst du das Universum als elektromagnetisches Feld an, sind die Gedanken die elektrische Ladung, die Gefühle die entsprechende magnetische Kraft. Beides gemeinsam sorgt dafür, dass du die Dinge anziehst, mit denen du in Resonanz stehst.

Genau darum geht es auch, wenn du die Karriere deines Lebens erschaffen willst: Du beeinflusst mithilfe deiner Schwingung – also deiner Gefühle – dein Leben. Du ziehst Möglichkeiten und Gelegenheiten an, die genau dazu passen. Darum ist es so wichtig, dass du deine erwünschte Tätigkeit in Gedanken erschaffst und zu diesem Zielzustand ein Gefühl entwickelst. So kommst du genau dort an.

Schalte deine Sinnesorgane aus, die für gewöhnlich dein Denken begrenzen, weil das, was du mit ihnen wahrnimmst, so schön rational und erklärbar erscheint. Arbeite stattdessen mit dem Bewusstsein, der höheren Macht, die an das Quantenfeld der unendlichen Möglichkeiten angebunden ist.

Das Universum besteht gemäß Quantenfeldtheorie also aus dieser flüssigkeitsartigen Substanz. Folglich sind alle Partikel – auch die, aus denen du bestehst, – nichts anderes als Wellen aus demselben Feld, dem Quantenfeld. So sind wir alle miteinander verbunden. So wie die Wellen des Ozeans alle zum selben Ozean gehören, sind die Elektronen in deinem Körper Teile desselben Feldes wie die Elektronen im Körper jeder anderen Person.

Der Tanz der flüssigkeitsähnlichen Substanzen innerhalb des Feldes ist das derzeit beste physikalische Verständnis des Universums.

DEIN BEWUSSTSEIN

LENKT MATERIE

Was viele asiatische Kulturen und indigene Völker bereits seit Jahrtausenden in ihren Lehren wie beispielsweise im Buddhismus, Qi Gong oder Yoga beschreiben, ohne konkrete physikalische Formeln zu hinterlegen, wird zunehmend von Disziplinen wie der Quantenphysik belegt: Bewusstsein beeinflusst Materie. Eine Erkenntnis, die die Welt verändern kann.

Die Quantenphysik ist so komplex, dass es bisher wohl keinen Menschen gibt, der sie wirklich durchdringt. Zudem wirft sie immer neue, größere Fragen auf.

Eine wesentliche Erkenntnis, die sie hervorgebracht hat: Du bist nicht nur Beobachter deiner Welt. Du interagierst mit ihr auf unsichtbare Weise. Von den Physikern Werner Heisenberg und Niels Bohr Ende der 1920er Jahre angenommen, bestätigte auch Einstein später die Theorie, dass Bewusstsein Materie lenkt.

So gibt es diverse Versuche, deren Ergebnis durch die Beobachtung der Wissenschaftler beeinflusst wurde. Ein Beispiel: Das Weizmann Institut hat Ende der 1990er in einem Versuch nachgewiesen, dass sich Elektronen mal wie ein Teilchen, mal wie eine Welle verhalten – abhängig davon, ob sie beobachtet werden oder nicht.

Ein weiteres bekanntes Experiment zum Einfluss des Bewusstseins auf Materie ist das von René Peoch, bei dem Küken auf einen Roboter geprägt wurden, sodass sie diesen als ihre Mutter annahmen. Der Roboter war auf zufällige Bewegungen programmiert und bewegte sich entsprechend auf einem abgesteckten Feld messbar gleichmäßig umher.

Nachdem die Küken den Roboter als ihre Mutter angenommen hatten, bewegte sich der immer noch identisch auf zufällige Bewegungen programmierte Roboter dann immer in der Nähe des Küken-Käfigs. Das Bewusstsein der Küken hatte Einfluss auf den Roboter.

Die Faktoren dafür: Intention und Gefühle. Die Küken hatten ihren Fokus komplett auf ihrer „Mutter" – mit ihrer instinktiven Intention und mit ihren Gefühlen.

Wenn das schon bei Küken möglich ist, was ist dann erst möglich, wenn menschliches Bewusstsein mit all seinen intellektuellen Fähigkeiten eine Intention mit starkem Gefühl koppelt?

Was ist dann allein für dich möglich, wenn du deine Bewusstseins-Energie lenken lernst und dich an die unendlichen Möglichkeiten des Universums andockst? Wenn du eine glasklare Intention ins Feld aussendest, deine Berufung und deine Vision mit Leben zu füllen und das mit einer Emotion deiner Vision koppelst?

Und: Was ist erst möglich, wenn das über das Feld verbundene, kollektive Bewusstsein der Menschen gemeinsam eine Intention mit einem Gefühl verbindet?

Wohin der Fokus geht, dorthin folgt die Energie. Fokussieren sich alle Menschen gemeinsam auf schlechte Nachrichten, erschaffen sie mehr davon. Fokussieren sie sich hingegen gemeinsam auf schöne Dinge, erschaffen sie mehr davon.

Es gibt Meditationen, in denen sich tausende Menschen zusammenschließen. Durch dieses kollektive Bewusstsein kann die Erdschwingung erhöht werden – denn auch die Erde hat eine Eigenschwingung. Auch sie ist Energie. Genauso existieren Belege, dass Menschen, die gemeinsam Energie an eine bestimmte Person schicken, damit zur Heilung beitragen können. Das kollektive Bewusstsein ist wohl mächtiger, als es je jemand begreifen kann. Es beeinflusst und verändert tatsächlich die Welt. Wird dieser Einfluss bewusst gelenkt, was wird dann noch möglich?

Der Neurowissenschaftler Dr. Joe Dispenza ist von der Kraft des Bewusstseins fest überzeugt und beschreibt den Auftrag jedes einzelnen Menschen in seinen Seminaren deshalb so: „Lass die Unterschrift deines Lebens Liebe sein." Denn je mehr Liebe wir kollektiv aussenden, desto mehr erschaffen wir davon.

WIE DU DICH
IN DIE ZUKUNFT „BEAMST"

Dispenza bricht die wissenschaftlichen Grundlagen auf das herunter, was es für dich und deine Vision bedeutet. Reagierst du in deinem Leben hauptsächlich auf Umstände, erzeugst du deine Emotionen auf Basis deiner erlebten Realität, die in diesem Moment bereits Vergangenheit ist.

Deine Gefühle sind folglich ein Archiv deiner Vergangenheit. Lebst du jeden Tag nach diesen selben Emotionen, die in deinem Körper die chemischen Folgen vergangener Ereignisse sind, bleibst du in der Vergangenheit stecken. Je mehr Aufmerksamkeit du auf diese Gefühle richtest, desto mehr erlebst du deine Vergangenheit Tag für Tag neu. Deine Energie fließt rückwärts zur Vergangenheit anstatt vorwärts in Richtung Zukunft.

Es geht also darum, deine Energie zu verändern. Deine Gedanken senden Informationen ins Quantenfeld, deine Gefühle ziehen Erlebnisse an. Die Kombination ist deine elektromagnetische Signatur. Das erklärt, warum du dich zuerst mit der Emotion verbinden musst, die du in Zukunft fühlen willst, um genau diese Zukunft auch in der materiellen Welt zu erschaffen.

Die Frage ist also: Was sendest du aus? Jeder Mensch hat in jedem Moment seine ganz persönliche Energiesignatur, versehen mit der entsprechenden Schwingung. Du sendest sie ständig ins Feld und ziehst damit wortwörtlich Menschen und Dinge an, die mit dieser Signatur harmonieren.

Dein Körper – genauer gesagt dein Nervensystem – steht unter Spannung. Testen kannst du das zum Beispiel, wenn du bei schlechtem Radioempfang deine Hand in die Nähe der Antenne bewegst: Der Empfang wird besser.

Die übliche Spannung liegt etwa zwischen 30 und 100 Millivolt. Erhöhen kannst du sie nachweislich zum Beispiel durch Meditation. Du bist wie eine Antenne im Feld: Du ziehst das an, was dir gleicht. Mit höherer Spannung bist du umso „anziehender".

Sendest du Gefühle wie Wut, Neid oder Ärger aus, die aus den Stresshormonen entstehen, zapfst du die vitalen Ressourcen deines Körpers an. Dein elektromagnetisches Feld um deinen Körper wird messbar kleiner.

Machst du das immer wieder, hast du keine Energie mehr, um deine Zukunft zu erschaffen oder zu heilen – oder deine Traumkarriere zu gestalten. Deine vitalen Ressourcen sind verbraucht. Die Folge: Du trennst dich vom unendlichen Informationsfeld. Damit stehen deine Berufung und deine Vision an anderer Stelle als du selbst. Dorthin zu gelangen ist anstrengend – wenn nicht sogar unmöglich.

Das Ziel ist, mit dem Herzen zu fühlen. Denn dein Herz ist der wahre Hauptsitz deiner Intelligenz – und zugleich dein größtes Energiezentrum. Es strahlt messbar nach innen und nach außen.

Sobald eine Kohärenz zwischen den Schwingungen von Herz und Hirn besteht, hast du unmittelbaren Zugang zu deiner Intuition – und zu allen Informationen im Quantenfeld.

Durch diese Herz-Hirn-Kohärenz entsteht ein bis zu drei Meter weites Magnetfeld, das Informationen beinhaltet. Es ist die wissenschaftliche Erklärung für deine Ausstrahlung und die Tatsache, dass du manchmal allein durch die Ausstrahlung anderer Menschen spüren kannst, wie es ihnen geht.

Wenn du mit dem Herzen fühlst, tauschst du Stress-Emotionen, die deinen Körper süchtig machen und dich vom Quantenfeld abtrennen, gegen höher schwingende Gefühle. Damit bist du nicht mehr getrennt von deinem Ziel, deiner Vision, deiner Traumkarriere. Du bist energetisch auf derselben Zeitlinie und somit verbunden mit dem Universum.

Wenn du das täglich übst – zum Beispiel durch die Visualisierung deiner Vision oder auch durch Meditation – veränderst du dein Gehirn und die Verknüpfung der Gehirnzellen untereinander und prägst damit den ganzen Körper auf ein Leben in der Zukunft.

Dein Körper folgt mit seinen Handlungen immer deinem Verstand. Investierst du deine Energie in deine Zukunft, sendest du neue Informationen ins Feld aus und dein Körper kann nach einer Zeit der Wiederholungen deinem Verstand fließend in eine unbekannte Erfahrung der Zukunft folgen – genauso leicht, wie er dir nach dem Aufstehen morgens ins Badezimmer zum Zähneputzen folgt.

Durch die Wiederholung sind deine gewünschten Zukunfts-erfahrungen in dein Unterbewusstsein gelangt – und be-stimmen so ganz automatisch deine Handlungen und Resultate. Das ist der Moment, in dem du dein Unterbewusstsein zu deinen Gunsten umprogrammiert hast.

DEINE PERSÖNLICHE ENERGIESIGNATUR

Deine persönliche Energiesignatur hat unmittelbaren Einfluss auf andere. Die Zellbiologie beschreibt, dass die Proteine in deinem Körper schwingen. Bei gleicher Schwingung entsteht eine konstruktive Interferenz – das heißt, Menschen, die zueinander passen und auf „einer Wellenlänge" sind, verstärken ihre Energie gegenseitig. Diese Schwingungen auf Zellebene nimmst du wahr, noch bevor du mit jemandem auf andere Weise in Interaktion trittst.

Das ist vor allem durch Experimente von Müttern mit ihren Kindern belegt, da die Kinder schon im Mutterleib von der Energiesignatur der Mutter geprägt worden sind. So spüren Mütter sozusagen „intuitiv", wie es ihren Kindern geht – egal welche räumliche Strecke dazwischen liegt.

Das ist ein technisch wissenschaftlicher Beleg dafür, dass dein direktes Umfeld Einfluss auf deine eigene Schwingung hat – und dass du es bewusst auswählen solltest.

Was deine Identität angeht, gibt es zudem erhellende wissenschaftliche Erkenntnisse, nach denen biologisch gesehen deine Identität in Wahrheit aus dem Feld kommt – nicht aus deinem Inneren. An den Außenseiten deiner Zellen befinden sich Selbstrezeptoren, die Signale über deine Identität geben. Da wir über das Quantenfeld alle miteinander verbunden sind, gibt es in diesem Verständnis ohnehin streng genommen kein Innen oder Außen. Alles ist eins.

DEINE TELEPATHISCHE KOMMUNIKATION
MIT DEM UNIVERSUM

Ist es möglich, mit dem Universum zu kommunizieren? Gibt es universelles Wissen, an das wir alle über das Quantenfeld angedockt sind?

Diverse Experimente über Telepathie haben ergeben, dass das Bewusstsein offenbar nicht durch Gestein oder Blei blockiert wird. Das lässt für Wissenschaftler wie Dr. William Tiller, der im Bereich der Psychoenergie an der Universität Stanford forscht, den Schluss zu, dass Bewusstsein eine höhere Frequenz aufweist als Licht – und deshalb für uns unsichtbar ist.

Nicht nur das: Demnach nimmt er an, dass Bewusstsein auf den verschiedenen Ebenen (Gedanken, Gefühle, Seele) potenzierte Lichtgeschwindigkeit hat – was wiederum eine Kommunikation mit anderen Galaxien ermöglichen würde. Wissenschaftler können nur erforschen, was sichtbar ist. Das ist maximal der Raum, den das Licht mit seiner Geschwindigkeit über 13,8 Milliarden Jahre beleuchten konnte. Das heißt indes nicht, dass es nicht noch mehr da draußen gibt. Was, wenn das Bewusstsein sogar damit kommunizieren kann?

Der allgemeine Konsens in der Physik ist indes, dass es nichts gibt, das schneller ist als das Licht. Wäre es jedoch tatsächlich so, dass das Bewusstsein Überlichtgeschwindigkeit erreicht und wäre das Universum ein riesiger intelligenter Informationsspeicher, müsste es gemäß Relativitätstheorie möglich sein, mit dem Bewusstsein in die Vergangenheit zu schauen und mit dem Kosmos zu kommunizieren.

Mehr noch: Ist anzunehmen, dass Kommunikation mit dem Universum bereits geschieht? Schon der griechische Mathematiker und Philosoph Pythagoras ging im sechsten Jahrhundert vor Christus davon aus, dass Planeten einen Klang haben: die sogenannte Sphärenmusik, die für Menschen nicht hörbar ist, weil sie auf für Menschen unhörbaren Frequenzen schwingt.

Die NASA hat inzwischen tatsächlich die Klänge von Planeten aufgenommen. Der Klang der Erde kommt dem von Vogelgezwitscher extrem nahe. Heißt das, dass die Vögel mit dem Universum kommunizieren?

Unvorstellbare Theorien und Erkenntnisse, die zeigen: Es gibt da draußen so viel mehr, als dein Verstand begreifen kann. Folglich tust du gut daran, nicht ausschließlich auf deinen Verstand zu hören, wenn es darum geht, in deinem Leben Veränderungen herbeizuführen und Entscheidungen zu treffen.

WIE DEIN BEWUSSTSEIN
DEINE DNA VERÄNDERT

Bewusstsein kann offenbar noch so viel mehr: Dr. Bruce Lipton, Entwicklungsbiologe und Stammzellenforscher, ist Pionier auf dem Gebiet der Epigenetik. Seinen Forschungen zufolge kannst du sogar deinen genetischen Code, die DNA, über dein Bewusstsein verändern.

Demnach ist nicht der DNA-Kern dein Intelligenzzentrum, sondern die Zellmembran. Diese Membran empfängt Signale vom Bewusstsein und schreibt dann den DNA-Code. Gemäß dieser neuen Sichtweise ist die Zelle durch das Bewusstsein programmierbar. Die Gene, die tatsächlich Ausdruck finden, sind ein Spiegel der Umwelt.

Dein Körper ist demnach wie eine Petrischale: Gibst du ihm gute Umweltbedingungen, können sich deine 50 Billionen Zellen erholen. Gibst du ihm schlechte Bedingungen, wird er krank.

Mit reorganisierten Gedanken, Gefühlen und höherem Bewusstsein können wir folglich unsere Festplatte neu speichern – und unser persönlicher Bauplan wird umprogrammiert.

Deine Optionen und deren Einfluss
auf Paralleluniversen

In der Quantenphysik gibt es viele ungeklärte Fragen. Je mehr Fragen beantwortet werden, desto mehr neue Fragen tauchen auf – und umso weniger lassen sich die Theorien mit unserer aktuellen Logik erklären. Das gesamte Weltbild wird auf den Kopf gestellt – und gibt immer neue Rätsel auf. Eines davon ist das Rätsel um Paralleluniversen.

Eine Theorie ist: Das Universum ist ein Hologramm. Das, was wir erleben, ist folglich nur eine Projektion. Das kommt der Vorstellung der Aborigines nahe, dass wir in Wahrheit geträumt werden.

Eine weitere Theorie ist die der Paralleluniversen: Alle Optionen für dein Leben sind jederzeit gleichermaßen möglich. Deine Wahl für eine davon führt dazu, dass sich das Universum in parallele Universen spaltet. In einem Universum wird die eine Möglichkeit abgebildet, in einem anderen Universum die andere.

Jede Entscheidung führt zu einer Spaltung. Demnach gibt es unendlich viele von dir, von denen du nichts weißt. Eine Abwandlung dieser Theorie ist: Es gibt unendlich viele mögliche Universen – nur das, was in Existenz tritt, ist das, was wir als Realität wahrnehmen.

Wenn du das Fernsehen als Vergleich nimmst: Dort gibt es beispielsweise 500 Sender – die stehen für die möglichen Universen. Der Sender, den du einschaltest, liegt auf deiner Frequenz. Das ist deine Realität.

Heruntergebrochen auf dein Leben bedeutet das: *Es gibt nicht die eine Realität. Es gibt nur deine.* Darum sind Bewertungen und Vergleiche mit anderen vollkommen sinnfrei. Der einzige Vergleich, der sinnvoll ist, ist der mit dir selbst. Denn dort stimmt der Referenzpunkt. Jeder nimmt die Wirklichkeit anders wahr. Alles, was du glaubst und annimmst, ist in deiner Realität wahr. So können unterschiedliche Ansichten unbewertet nebeneinanderstehen.

> *„Vergleich ist der Dieb der Freude."*
> *Theodore Roosevelt, 26. Präsident der*
> *Vereinigten Staaten*

Insgesamt löst die Quantenphysik das Konzept der Exoterik – der nach außen gerichteten Wissenschaft – auf, dass es die Welt gibt und Beobachter, die außen vor stehen. Die Beobachter beeinflussen die Welt. Das entspricht dem esoterischen Weltbild, nach dem wir alle Teil der Welt sind. Sobald Wissenschaftler in Experimenten messen, beeinflusst das die Ergebnisse. Es entstehen Wechselbeziehungen.

Um es als Metapher anwendbar zu machen: Es sind immer alle Möglichkeiten da. Sofort. Sobald du hinschaust, triffst du eine Entscheidung und siehst nur eine. Das Potenzial indes ist unendlich – die Entscheidungen machen den Unterschied.

DIE STERNE UND DIE FÜHRUNG DER ZUKUNFT: WARUM FRAUEN DAS DIGITALE ZEITALTER BESTIMMEN

Die Pandemie der Lungenkrankheit Corona leitet einen massiven globalen Umbruch ein, der bestehende Systeme zur Neuordnung zwingt. In meinem Verständnis ist es kein Zufall, dass dieser Wandel durch ein Virus erzwungen wird, das die Atemwege angreift und sich ausgerechnet über das Element Luft überträgt. Denn die Veränderung markiert astrologisch gesehen den Übergang ins Luftzeitalter.

2020 endete eine fast 200-jährige Ära, die im Zeichen des Elements Erde stand. Seit 1800 hat dieses Element unser Leben maßgeblich bestimmt. Den Zyklen der Astrologie liegen die vier Elemente Wasser, Feuer, Erde und Luft zugrunde. Eine Ära dauert etwa 200 Jahre – abhängig davon, in welchen Sternzeichen sich Jupiter und Saturn bewegen. Sie stehen seit 2020 in den Luftzeichen, beginnend mit dem Wassermann.

Schon in den Jahren seit 1980 begann diese Zeitenwende – nach außen sichtbar beispielsweise durch den Wandel von haptischen hin zu digitalen, nicht greifbaren Produkten, von der Schwerindustrie hin zu Großkonzernen wie Google oder Facebook, vom Bargeld hin zum kontaktlosen Bezahlen, von Euro und Dollar hin zu Kryptowährungen wie dem Bitcoin, von gedruckten Tageszeitungen hin zu Medien wie Twitter, von Sitzungen an pompösen Konferenztischen mit schweren Möbeln hin zu Videokonferenzen aus den eigenen vier Wänden.

Astrologen wie Dr. Christof Niederwieser zufolge wird diese Epoche uns vom Fokus auf Materialismus hin zum Idealismus führen. Wir befinden uns mitten im Umschwung, der durch massive Krisen aktuelle Systeme aufrüttelt, damit sie sich neu sortieren können.

Dieser Umschwung ist der Start in eine neue Ära. In eine Ära, in der es nach meinem Verständnis weniger um Schweiß und hartes Abarbeiten geht, sondern vielmehr um Sinnhaftigkeit im Tun. In eine Ära, in der das Leben ganzheitlich gesehen und die Trennung zwischen Job und Beruf zunehmend aufgehoben wird. In eine Ära, in der das globalgalaktische Bewusstsein auf eine neue Frequenz angehoben wird. In eine Ära, in der es weniger um Hierarchien und Systeme geht als vielmehr um tragfähige Beziehungen.

Was hat das mit deiner Karriere zu tun? Es ist im wahrsten Sinne des Wortes an der Zeit, deine Karriere neu zu denken. Im Zuge der Digitalisierung verschwinden zunehmend althergebrachte Strukturen in Unternehmen. Hierarchien werden aufgebrochen, interdisziplinäre Teams und „New Work" gestalten mehr und mehr den Arbeitsalltag. Die Gestaltung von Beziehungen zu Kollegen, Kunden und Einflussgruppen gewinnt enorm an Bedeutung. Entsprechend ist das Verständnis von Führung inzwischen ein ganz anderes als noch vor 10 bis 15 Jahren.

Diversität wird immer größer geschrieben, die klassisch männlich geprägten Führungsetagen sollen zunehmend weiblicher werden. Ich habe mich intensiv mit den Unterschieden zwischen Männern und Frauen auseinandergesetzt und dabei festgestellt: Der soziale Aspekt der Digitalisierung genauso wie die Führung der Zukunft sind weiblich.

Dabei geht es nicht darum, dass ausschließlich Frauen diese weiblichen Anteile verkörpern: Gemäß dem Gesetz des Geschlechts trägt jeder sowohl weibliche als auch männliche Anteile in unterschiedlichen Aspekten in sich. In den folgenden Ausführungen geht es folglich nicht um Männer und Frauen im Sinne von Schwarz und Weiß, sondern um männlich und weiblich und deren typische Ausprägungen. Ich stelle die beiden Pole bewusst in ihren Extremen einander gegenüber, um die Unterschiede sichtbarer zu machen.

Wichtig ist zunächst zu verstehen, dass es basierend auf wissenschaftlichen Untersuchungen Unterschiede zwischen Männern und Frauen gibt, die über den Körperbau hinausgehen. Gleichberechtigung bedeutet demnach nicht Gleichmacherei, sondern vielmehr, dass die männlichen und weiblichen Qualitäten ergänzend genutzt zu sehr viel besseren Ergebnissen führen – auch im Karriereumfeld.

Hirnstrukturen und Hormone katapultieren uns schon im Mutterleib in völlig unterschiedliche Welten. Warum? Die Natur hat Männern rein biologisch eine andere Aufgabe gegeben als Frauen. Dementsprechend hat sie uns unterschiedliche Qualitäten mitgegeben. Das heißt nicht, dass jede Frau und jeder Mann ausschließlich weibliche oder männliche Prägungen mitbekommen hat. Überwiegend treffen diese Unterschiede jedoch zu.

Machen wir uns nichts vor: Männer und Frauen sprechen unterschiedliche Sprachen. Nicht umsonst lachen wir gerne über Witze, die ganz bestimmte Geschlechter-Klischees bedienen: Wir gehen in Resonanz damit, weil sie übergreifend betrachtet wahr sind.

Ich erläutere hier exemplarisch drei Unterschiede zwischen Männern und Frauen, die sich auch auf das Karriereumfeld übertragen lassen und darstellen, warum weibliche Führung in der Luftepoche die Führung ist, die wirklich funktioniert. Und ja: Auch Männer können auf diese weibliche Art führen.

Erstens: Männer orientieren sich an Systemen, Frauen an Beziehungen. Das ist aus biologischer Sicht sehr sinnvoll programmiert. Denn während Männer in grauer Vorzeit als Versorger bei der Jagd genauen Regeln folgen mussten, um nicht vom nächsten Raubtier zerfleischt zu werden, konnten die Frauen sich um die Kinder bestmöglich kümmern, wenn sie die

Beziehungen zu anderen Frauen und dem eigenen Nachwuchs optimal pflegen konnten.

Dementsprechend sind Frauen eher auf der Suche nach einer Verbündeten, um ihr Leben bestmöglich meistern zu können, während Männer eher als Wettbewerbstypen erfolgreich sind. Achtung, Klischee-Alarm: Das zeigt sich schon im Schulalter in Form der besten Freundin bei Mädchen oder gleich der ganzen Fußballmannschaft bei den Jungs. Denn in der Hierarchie ganz oben zu stehen bedeutet, den Ton angeben zu können. Ist die Hierarchie einmal geklärt, können Männer allerdings auch prima damit umgehen, gemäß ihrem Platz darin zu agieren.

Männer und Frauen sind biologisch unterschiedlich programmiert.

Frauen hingegen neigen dazu, es allen recht machen zu wollen, weil sie als Verbündete darauf angewiesen sind, angenommen zu werden – sonst funktioniert ihr Konzept nicht.

Zweitens: Dadurch, dass Frauen langfristig gebunden sind, wenn sie sich auf einen Mann einlassen, mit dem sie ein Baby bekommen, müssen Frauen aus evolutionärer Sicht wählerisch sein. Deshalb orientieren sich Frauen auch eher langfristig, Männer denken eher kurzfristig und sind deshalb oftmals auch risikofreudiger. Im Führungsumfeld kann genau diese Mischung zwischen männlichen und weiblichen Prägungen ein entscheidender Vorteil sein, wenn es darum geht, wirtschaftliche Ziele zu setzen und zu erreichen.

Drittens: Während Frauen Hirnscans zufolge gleich mehrere Sprachzentren ausbilden, gibt es bei Männern keine eigene Hirnregion, die als Sprachzentrum fungiert. Die gesamte linke Hirnhälfte ist aktiv, während Männer sprechen. Das erklärt, warum Mädchen in den meisten Fällen früher beginnen zu sprechen als Jungen und warum es Frauen meist leichter fällt, mit Sprache umzugehen.

Ich stelle diese Unterschiede hier bewusst sehr plakativ und polarisierend heraus, um deren Kern sichtbar zu machen. Denn auch im Karriereumfeld lohnt es sich, die Sprache des anderen Geschlechts zu erlernen und zu verstehen – so erzielen alle zusammen bessere Ergebnisse. Durch das Verständnis füreinander entsteht der wahre Mehrwert.

Stufe zwei nach dem Verständnis füreinander ist die Verständigung untereinander. Wenn Männer und Frauen so unterschiedliche Sprachen sprechen, lohnt es sich, die jeweils andere Fremdsprache zumindest zu verstehen. Denn nur so können gemischte Führungsetagen zunehmend real werden.

An dieser Stelle ist es genau wie mit den Gesetzen des Universums: Die Unterschiede sind immer da – egal, ob du daran glaubst oder nicht. Kannst du sie bewusst nutzen, profitierst du umso mehr davon für deine Wunsch-Karriere.

Ich habe die relevantesten Unterschiede zusammengefasst als „4 Business-R der Männer":

1. *R wie Rang:* Männer orientieren sich am Rang und handeln diesen entsprechend untereinander in Sitzungen zunächst aus, während Frauen dazu neigen, sich währenddessen zu langweilen, weil es nicht schnell genug um die Sache an sich geht. Männer tun das, weil sie sich ans System halten.

2. *R wie reduziert:* Männer nutzen ihre Sprache oftmals reduziert, weil ausschweifende Reden ohne Sprachzentrum zu anstrengend sind und es reicht, das Nötigste auszusprechen. Schließlich ist der Rang ja bereits geklärt ...

3. *R wie Raum:* Männer nehmen sich Raum, um Rang zu demonstrieren. In früheren Zeiten gab entsprechend die Bürogröße Aufschluss auf die Hierarchiestufe – eine Idee, auf die die wenigsten Frauen kämen, weil sie sich nicht an Hierarchien und Systemen orientieren, sondern an Beziehungen.

4. *R wie Ritardando:* Männer verlangsamen ihren Gang und ihre Sprache, wenn es darum geht, Macht zu demonstrieren. Frauen achten auf so etwas nicht – denn um Machtgeplänkel und Hierarchie geht es ihnen schließlich nicht. So eilen sie gern geschäftig über den Flur, um abzuarbeiten.

All das lässt aus meiner Sicht die Schlussfolgerung zu, dass die Führung in Zeiten der Digitalisierung vorwiegend weiblich ist. Denn diese neue Zeit löst bestehende Systeme auf, es geht zunehmend um Beziehungen. Es geht nicht mehr um Hierarchien, es geht um Agilität. Es geht nicht mehr um Rang, es geht um Kollaboration. Es geht nicht mehr um das Ausführen von Ansagen, es geht um das Ermöglichen von neuen Ideen und Kreativität.

All diese Fähigkeiten liegen in der weiblichen Natur. Frauen sind die Schöpferinnen. Sie kreieren das Leben. Sie empfangen es.

Daher fällt es Frauen grundsätzlich sehr viel leichter, sich in diesem Wandel zurechtzufinden. Denn während sich Systeme auflösen, bleiben Beziehungen bestehen. Die Orientierungs-grundlage für Männer wird durchgerüttelt, während die der Frauen bestehen bleibt und sogar gestärkt wird.

Im Luftzeitalter können die Frauen vorausgehen – und gemein-sam mit den Männern viel erreichen. In der Luftepoche wird intuitives, weibliches Handeln an Gewicht gewinnen. Das Herz der Weiblichkeit rückt mehr in den Fokus als der männliche Verstand. Um bestehen zu können, braucht es – wie überall in der Natur – beides: Männer und Frauen.

Das Gesetz des Geschlechts und das Gesetz der Polarität zeigen: Jeder hat seinen Platz. Gegensätze sind der Grund, warum wir überhaupt existieren können. Die Universums-Gesetze machen darüber hinaus mehr als deutlich: Wir sind alle eins. Es gibt keine Trennung. Es gibt dementsprechend auch keine Konkurrenz – es geht darum, gemeinsam zu wachsen und das Leben mit all seinen Facetten zu erleben.

Dazu gehört auch deine erfüllende Karriere. In der Luftepoche mehr denn je.

ZUSAMMENFASSUNG

In diesem Kapitel hast du erfahren, was dein Bewusstsein mit Quantenphysik zu tun hat und warum es sich auch aus neurowissenschaftlicher Sicht lohnt, deine Gedanken auf die Zukunft zu richten und die Vergangenheit ruhen zu lassen. Außerdem kennst du jetzt die Qualitäten, die für Führung und für dein Leben im Luftzeitalter besonders relevant sind.

Bist du bereit zu starten und diese Erkenntnisse für dich zu nutzen, indem du jetzt deine Zeitkapsel kreierst?

PRAXISTEIL:
KREIERE DEINE ZEITKAPSEL

Die unterschiedlichsten wissenschaftlichen Disziplinen belegen: Du kannst dich über deine Gefühle in die Zukunft „beamen" und damit deine Zukunft selbst erschaffen. Denn du bist Teil des großen Ganzen – und das große Ganze wohnt in dir.

In diesem Praxisteil geht es darum, die Essenz dieses Wissens anzuwenden, um deiner sinnhaften Karriere einen entscheidenden Schritt näherzukommen. Dafür siehst du die Zeit als Konstrukt an und machst dir dieses Konzept zunutze.

1. Nimm dir eine Viertelstunde Zeit für dich – am besten jeden Tag.
2. Schaue dir zunächst für wenige Minuten deine Vision an, wie du sie dir in Kapitel 3.4 ausgearbeitet hast.
3. Stelle dich jetzt vor einen Spiegel (klingt vielleicht albern, ist aber wirkungsvoll) und beginne deine Zeitreise.
4. Versetze dich in die erfüllte Traumkarriere. Dein Spiegelbild ist dein jetziges Ich, du selbst bist dein zukünftiges Ich.
5. Du triffst dich nun in drei Jahren selbst und berichtest dir, was du in den vergangenen Jahren alles erreicht hast, mit wem du dich umgibst, wie du arbeitest, wie viel Geld du zur Verfügung hast, wie sich die Karriere deines Lebens jetzt für dich anfühlt.

Noch einfacher ist das Ganze, wenn du die Übung mit einer oder mehreren Personen deiner Mastermind-Gruppe machst. Denn mit echten Menschen um dich herum bedarf es etwas weniger Vorstellungskraft und Übung. Die Übung vor dem Spiegel gibt dir jedoch die wunderbare Möglichkeit, jederzeit in deine Zukunft zu reisen.

6
„WIE FANGE ICH AN?"
Deine Entscheidung

S eit meiner entscheidenden Dienstreise nach Berlin 2017, bei der ich mich auf die Startrampe für meine neue Karriere gesetzt habe, ist inzwischen ein gutes Jahr vergangen. Ein Jahr voller Planungen. Aber ohne Startschuss. Es ist Ende 2018. Der Tag, an dem ich am eigenen Leib erfahre, was der Unterschied ist zwischen „entscheiden" und „entschieden entscheiden".

Ich gehe barfuß über diesen langen, kalten Flur der Tagesklinik in Richtung Operationssaal. Schon wieder. Nur wenige Monate zuvor bin ich schon einmal ganz genau hier gewesen. Und es widerstrebt mir mit jeder Faser meines Körpers.

Dieser Gang ist nicht freiwillig. Genauso wenig wie er vor ein paar Monaten freiwillig war. Ich bin hier, weil eine kleine Seele sich entschieden hat, nicht bei mir bleiben zu wollen. Sie will jetzt nicht in mir zu einem kleinen Menschen heranwachsen: Ich bin hier wegen einer Fehlgeburt. Meine zweite binnen weniger Monate. Der „Fremdkörper" soll jetzt operativ entfernt werden.

Dieser Gang über den Klinikflur fühlt sich so falsch an. Denn eigentlich hatte ich mir gewünscht, dass sich diese kleine Seele wenigstens selbst entscheidet zu gehen. Dass ich sie wenigstens nicht herausoperieren lassen muss. Aber sie hat sich nicht dazu entschieden. Die Ärzte finden es zu kritisch, auf ihre Entscheidung zu warten. Also werde ich die Operation jetzt über mich ergehen lassen. Auch wenn es sich übergriffig anfühlt. Und fremdbestimmt.

Ich gehe in den Operationssaal, lasse mir das Narkosemittel geben – und schlafe ein. Als ich wieder aufwache, weiß ich: Mein Körper ist aufgeräumt. Doch meine Seele ist es nicht.

Sie schreit vor Leere!

Aber *jetzt* ist etwas anders. Denn ich weiß: Ich bin durch diese ganze Scheiße nicht umsonst gegangen. In diesem Moment, auf meinem Zimmer in der Tagesklinik, treffe ich eine lebenswichtige Entscheidung: Ich bin *nie wieder* fremdbestimmt. Mein Leben gehört mir. Meine Entscheidungen gehören mir.

Diese kleine Seele musste erst zweimal bei mir anklopfen und mich anschreien: „Mama, entscheide dich für *dich*, erst dann kann ich zu dir kommen." Zweimal musste ich diese Erfahrung machen, bis ich es endlich begriffen habe. Das Universum testet dich solange, bis du deine Lektion gelernt hast.

Meine Lektion: Ich habe ein ganzes Jahr lang Pläne geschmiedet und mir überlegt, dass es so viel leichter wäre, erst das zweite Wunschkind zu bekommen, bevor ich in die Selbstständigkeit starte. Ich habe meinen Herzensweg von den Umständen abhängig gemacht. Ich habe mich fremdbestimmen lassen und mich selbst den Umständen ausgeliefert. Genau wie im Operationssaal.

Also treffe ich in diesem Moment endlich die entschiedene Entscheidung: Ich gehe *jetzt* meinen Weg. Ich warte nicht mehr. Denn ich spüre schon viel zu lange, dass mein Umfeld mir nicht mehr guttut. Nicht, weil ich die Menschen nicht schätze. Nicht, weil ich selbst nicht geschätzt werde. Aber weil das einfach nicht mehr meine Welt ist. Mein Umfeld passt nicht mehr zu mir. Ich passe da nicht mehr hinein. Ich will mich da nicht mehr hineinquetschen. Es entspricht nicht mehr meinem ganz persönlichen Wachstum.

Das hat mich krank gemacht. Es hat meinen kompletten Hormonhaushalt durcheinandergebracht. So bin ich natürlich auch unfähig, einem kleinen Menschen den Raum zu geben, um in meinem Bauch heranzuwachsen. Denn: Zuerst muss ich mir meinen eigenen Raum schaffen und mein eigenes, neues Leben zur Welt bringen! Ich gehe *jetzt* los zu meiner Berufung. Ich entscheide mich *jetzt* für meine mit mir selbst stimmige Karriere.

Bei meiner ersten Begegnung mit meinem Chef nach meinem Krankenhausaufenthalt sage ich ihm, dass ich kündige. Endlich. Seitdem bin ich frei. Ich habe mich befreit. Ich habe mich endlich für *mich* entschieden.

Diese Entscheidung hat sich gelohnt. Die kleine Seele hat ihr Versprechen gehalten. Denn heute ist sie wieder da. Sie kündigte sich bei mir an, nur wenige Tage nachdem ich nicht mehr angestellt war.

Jetzt bereichert sie unser Leben. Die kleine Lenia erkundet jeden Tag ihre und unsere Welt – und ist durch diese Geschichte schon vor ihrem Weg in dieses Leben eine meiner größten Lehrerinnen. Ihr Name bedeutet: „kleiner strahlender Engel". Sie leuchtet mir meinen Weg. Und ich bin unglaublich dankbar dafür.

Unsere große Tochter Hannah hat eine Initialzündung in mir ausgelöst und mir damit ein riesengroßes Geschenk gemacht, sie hat mich auf den Pfad gelenkt. Unsere kleine Tochter Lenia ist der Lohn für eine klare Entscheidung für mich selbst. Ich – die Mami, die immer dachte, Kinder veränderten nichts an den Karriereplänen – habe am eigenen Leib gespürt, dass meine beiden Töchter *alles* verändert haben.

Das sind die Momente, in denen mir umso bewusster wird, dass es keine Zufälle gibt. Das Leben passiert nach Gesetz. Immer. Wenn du dagegen verstößt, gibt dir deine Gesundheit eine Botschaft. Oder gleich mehrere, solltest du die ersten zaghaften nicht direkt verstehen. Deine Gesundheit ist der Spiegel deiner Seele. Jedes Problem ist eine Aufgabe. Jede Aufgabe ist die Verpackung, hinter der sich ein Geschenk für dein weiteres Wachstum verbirgt.

Erst als ich *meine* Botschaft hinter dieser Geschichte verstanden habe, habe ich diese Aufgabe meines Lebens gelöst und durfte mein Geschenk auspacken: den Start in mein neues Leben als Zweifachmama mit eigenem Herzens-Business, mit dem ich Menschenleben berühren darf.

ENTSCHEIDE DICH!
VORHER PASSIERT ... NICHTS

Die Gelegenheiten in deinem Leben folgen deinen Entscheidungen. Nicht umgekehrt. Die sichtbare und mit den Sinnen wahrnehmbare Welt verleitet dazu, dass du dich auf Basis von Umständen entscheidest. Doch damit handelst du konträr zu den Universums-Gesetzen. So bleibst du in den Umständen stecken, anstatt dein Leben selbst zu erschaffen.

Wenn du etwas wirklich ändern möchtest, beginnt alles mit einer Entscheidung. Die Magie entfaltet sich nach der Entscheidung. Wachstum beginnt nach der Entscheidung. Alle Träume bleiben nur Träume, solange du dich nicht für ihre Verwirklichung entscheidest.

> *„Hast du einmal*
> *eine Entscheidung getroffen,*
> *tut sich das Universum zusammen,*
> *um sie geschehen zu lassen."*
> Ralph Waldo Emerson, Philosoph

Jeden Tag triffst du zigtausend Entscheidungen. Die meisten davon unbewusst. Das Tückische daran: Du kannst dich gar nicht

nicht entscheiden. Triffst du keine bewusste Entscheidung, tut es dein Autopilot für dich: deine Sammlung an Überzeugungen und Gewohnheiten, die – wie schon an einigen Stellen beschrieben – zum Großteil nicht einmal dir selbst gehören.

Du kannst dich in deinem Leben für *alles* entscheiden – sogar für deine Gefühle. Was im ersten Moment komplex klingt, gelingt mit ein wenig Übung immer besser. Interessanterweise sind Kinder Erwachsenen dabei weit voraus. Sie sind noch nicht in ihren Mustern verhaftet, leben mehr im Moment.

Mache den Test: Entscheide dich dafür, dass dich heute nichts und niemand davon abhält, gut gelaunt zu sein. Sieh in allem etwas Gutes. Mache dir bewusst, dass die einzige Person, die über ihr Leben entscheidet, du selbst bist – in jedem Moment.

Ich nenne das Herz-Hüpf-Tag – und es ist eines meiner Lieblingsexperimente. Ich habe einmal einer Freundin davon erzählt, deren zehnjährige Tochter das unbedingt ausprobieren wollte. Im Laufe des Tages bekam ich eine Textnachricht: „Ihre kleine Schwester wollte Isabel eben ärgern, da hat Isabel nur gesagt: Du kannst mich heute nicht ärgern. Ich habe mich entschieden, glücklich zu sein."

Probier's mal aus: *Alles* im Leben ist eine Entscheidung.

Was heißt das für deine Herzens-Karriere? Du musst dich dafür entscheiden, deinen Weg zu gehen. Vorher wirst du weder Gelegenheiten ernten noch Ideen erhalten, wie dein Weg genau aussehen kann. Es erfordert eine klare Entscheidung, dass du *jetzt* deinen Weg gehst. Egal was kommt.

Deine klare Entscheidung ist mehr als nur ein Ausspruch, dass du etwas erreichen willst. Deine klare Entscheidung ist die Vereinbarung mit dir selbst, dass du alles dafür tust, deinen Herzensweg zu gehen. Keine Hintertür, kein Plan B. Denn beides nimmt dir Schwung – und ist keine eindeutige Wahl. Dafür darfst du erste Schritte gehen und mit Handlungen Signale ans Universum senden, dass du es wirklich ernst meinst.

Das kann sein, dass du ein Gespräch mit deinem Vorgesetzten suchst oder terminierst. Das kann sein, dass du mit deinem Partner über deine Entscheidung sprichst. Dass du dir einen Mentor holst, der mit dir individuell deinen nächsten Karriereschritt erarbeitet. Oder dass du im weiteren Verlauf dieses Buchs deinen persönlichen Karriereplan erstellst. Es ist ganz allein deine Verantwortung. Niemand nimmt dir deine Entscheidung ab.

Nutze all das Wissen, das du mit den vergangenen Seiten schon aufgenommen hast, und mache dich auf deinen Weg.

Rekapituliere all das, worüber du im Laufe dieses Buches bereits nachgedacht hast: Was ist dein persönlicher Sinn in deinem Leben? Was ist dein innerer Ruf? Was sind deine wahren Träume? Welche Ängste, Sorgen und Zweifel halten dich auf – und wie kannst du sie loslassen?

Entscheide dich. Tu, was du kannst, mit dem, was du hast, von dort, wo du bist. Und das *jetzt*.

WERDE DIR BEWUSST:
DEINE ZEIT IST JETZT

Sehr oft höre ich: „Erst muss ich noch ..., dann ...“ Was ist, wenn „dann“ nie eintritt? Was ist, wenn „dann“ nie eintreten kann, weil du die Gelegenheiten dafür nicht einlädst, da du dich nicht klar positionierst und entscheidest?

Mein allererster Coach Marie hat mir mitgegeben: „Weißt du, Bettina, für mich ist die Zeit immer jetzt.“ Dieser Satz hallt bei mir noch heute nach. Er bekommt jeden Tag eine tiefere Bedeutung. Seitdem ist auch für mich die Zeit immer häufiger jetzt. Ich warte nicht mehr. Ich schiebe nichts mehr auf.

Jeder Mensch hat dieselbe Anzahl Sekunden in seinem Tag. Trotzdem gibt es Menschen, die ständig im Stress sind und zu nichts kommen, und Menschen, denen in Windeseile alles zu gelingen scheint. Warum? Wie du deine Zeit nutzt, wie du sie mit Leben füllst, das macht den Unterschied. Wofür du Zeit aufbringst, zeigt, wo du deine Prioritäten setzt. Überprüfe einmal für dich: Wo investierst du deine Zeit jeden Tag? Sind das wirklich die Prioritäten, die du setzen möchtest?

Noch ein wichtiger Aspekt: Es geht nicht darum, dass du alles an einem Tag schaffst. Sondern dass du spürst, was jetzt in diesem Moment für dich dran ist. Du hast nur den gegenwärtigen Moment. Aus der Gegenwart heraus erschaffst du deine Zukunft.

> *„Es ist nicht zu wenig Zeit,*
> *die wir haben, sondern es ist zu viel Zeit,*
> *die wir nicht nutzen."*
> Lucius Annaeus Seneca, Philosoph

Lebst du schon im Jetzt? Oder stecken deine Gedanken noch in der Vergangenheit fest? Klammerst du dich an Ängste für potenzielle Szenarien in der Zukunft, die nur in deinem Kopf existieren und die mit größter Wahrscheinlichkeit ohnehin erst eintreten, wenn du ihnen zu viel Aufmerksamkeit schenkst? Fokussierst du dich auf vergangene Ergebnisse deines Lebens? Dann entscheidet auch deine Vergangenheit darüber, wer du in Zukunft bist und was du erreichst.

Nur im Jetzt kannst du alles erschaffen. Im Jetzt steht dir das Quantenfeld der unendlichen Möglichkeiten offen. Im Jetzt kannst du in den Fluss kommen. Denn du bist Energie. Du bist rein physikalisch Welle statt Teilchen, wenn du dich mit dem Quantenfeld verbindest. Im Jetzt kannst du deine Zukunft ganz neu wählen. Du kannst dich für deine Vision entscheiden und so auch die Karriere deines Lebens erschaffen.

Dabei spielt es überhaupt keine Rolle, was du bisher bereits erreicht hast, welche Fehler du womöglich gemacht hast oder was dir nicht geglückt ist. Du kannst all das jetzt ändern. Wenn es gar nichts zu erreichen gäbe: Wie würdest du dich jetzt fühlen? Wer genau bist du, wenn du nicht arbeitest? Was tust du, wenn du nicht arbeitest? Womit füllst du deine Zeit?

Nicht umsonst ist Meditation so kraftvoll. Sie bringt dich in den jetzigen Moment. Sie baut dein Gehirn regelrecht um. Denn du beschreitest währenddessen nicht mehr die ausgetretenen Pfade. Du aktivierst nicht automatisch die Verknüpfungen im Kopf, die deine Vergangenheit erschaffen haben, sondern du kannst neue Pfade beschreiten, neue Verknüpfungen schaffen.

So kannst du dich neu auf das Leben programmieren, das du wirklich erschaffen willst. Es geht darum, deinen Kopf still werden zu lassen – oder vielmehr: Gedanken ziehen zu lassen und immer mehr in die Stille zu kommen.

Denn hinter dem, was dein Verstand dir den ganzen Tag über erzählt, steckt dein wahres Potenzial. In der Stille findest du heraus, wer du wirklich bist. Sie leitet dich an, in den jetzigen Moment zu gelangen, damit du von hier aus zu dem wirst, der du wirklich bist: Schöpfer deiner Realität.

Stelle dir eine Sanduhr vor: Der Sand, der bereits durchgelaufen ist, repräsentiert deine Vergangenheit. Du änderst daran nichts mehr. Sie ist vorbei. Du hast sie gemeistert. Jeder Fokus darauf ist nichts mehr als eine Erinnerung.

Auf den Sand, der noch im oberen Bauch der Sanduhr auf dich wartet, kannst du ebenso keinen Einfluss nehmen. Er wartet auf dich. Du kannst nicht einmal sehen, wie viele Sandkörner dir noch zur Verfügung stehen. Manch einer würde sicher anders leben, wenn er wüsste, wie viel Zeit ihm noch bliebe.

Darum tust du umso besser daran, dich auf die Mitte zu fokussieren. Auf den Sand, der gerade fließt. Alles fließt. Das gesamte Universum. Panta rhei. Willst du mitfließen, nutze den Moment.

Es geht um jeden einzelnen Tag. Es geht um jede einzelne der 86.400 Sekunden am Tag. Auch deine Zeit ist jetzt. Immer.

Lass dich inspirieren von erfolgreichen Menschen

Wusstest du, dass selbst die Mondlandung eine Entscheidung war? So postulierte Kennedy im September 1962: „We choose to go to the moon." Es war eine Entscheidung. 1969 war es so weit: Die Entscheidung wurde Realität.

„Eine akribische Analyse von mehr als 25.000 Gescheiterten ergab, dass auf der Liste der dreißig Hauptgründe für Misserfolg mangelnde Entschlusskraft ganz oben stand – keine These, sondern eine Tatsache." So beginnt das achte Kapitel „Schnelle Entscheidungen" im Bestseller „Think and Grow Rich" von Napoleon Hill. Hill lebte Anfang des 20. Jahrhunderts und hat im Auftrag von Andrew Carnegie die erfolgreichsten Menschen studiert. Carnegie war damals der reichste Mensch der Welt.

Hill war Zeitungsreporter und hatte ein Interview mit Carnegie erhalten. Dass er in Wahrheit der Interviewte war, kam erst später heraus. Andrew Carnegie lud ihn nach dem Interview für drei Tage ein, um ihn in seine Erfolgsgeheimnisse einzuweihen.

Am Ende dieser drei Tage stellte Carnegie den jungen Napoleon Hill vor eine entscheidende Frage. Er erklärte, dass er auf der Suche nach jemandem sei, der all dieses Wissen über Erfolgsprinzipien in einem Buch organisiere und niederschreibe, damit auch andere Menschen sie lernen und verstehen könnten. Er würde Hill mit all den erfolgreichen Menschen bekannt machen, die er kannte, damit er sie studieren könne. Dann fragte er Hill, ob er sich vorstellen könne, Jahrzehnte seines Lebens einem Projekt zu widmen, für das er bestimmt für 20 Jahre keinerlei finanziellen Ausgleich erhalten würde. Hill sagte ja.

Was er nicht wusste: Andrew Carnegie hatte eine Stoppuhr unter seinem Schreibtisch, die auf 60 Sekunden eingestellt war. Hill hatte nach 29 Sekunden zugesagt. Damit hatte er Carnegies Test bestanden. Denn Carnegie wusste: Alle erfolgreichen Menschen entscheiden schnell. Sie bleiben dabei – und setzen sofort um.

Sei dir im Klaren, dass deine Entscheidungen immer deinen Weg bestimmen. Sie bestimmen deine Realität. Gemäß der universellen Gesetze kannst du keine falsche Entscheidung treffen. Denn hinter jeder Entscheidung verbirgt sich das Geschenk einer Erfahrung, das du niemals auspacken kannst, wenn du sie nicht getroffen hättest. Entscheidungsschwache Menschen machen sich abhängig von den Umständen, weil sie danach ihre Wahl treffen. Unabhängig bist du, sobald du die wegweisenden Entscheidungen für dein Leben bewusst triffst – und dabei bleibst.

Nur: Wie kannst du so schnell für dich stimmige Entscheidungen treffen? Indem du auf dein Herz hörst und deinen Verstand ausschaltest. Dein Herzzentrum reagiert noch vor deinem Verstand – sogar vor eintretenden Ereignissen. Es ist zugleich deine größte Energiequelle. Dein Herzzentrum ist verbunden mit dem Quantenfeld – und strahlt in dieses Feld aus. Es ist möglich, dass du darauf hörst und direkt wahrnimmst, welche Entscheidung dein System schwächt und welche es stärkt. Das kannst du sogar selbst testen, wenn du noch nicht so erfahren darin bist, Entscheidungen aus dem Bauch zu treffen.

Dein Leben ist das Ergebnis deiner Entscheidungen. Deine Entscheidungen bestimmen darüber, in welchem Paralleluniversum du dich wiederfindest. Deine Entscheidung für dich selbst ist die Grundlage dafür, dass du deinen mit dir stimmigen nächsten Karriereschritt finden und leben kannst.

★★ Schau dir zum Thema Entscheidungen gern auch
★ meinen Vortrag an, in dem noch weitere Impulse enthalten sind: www.bettina-poehler.de/buch.

ZUSAMMENFASSUNG

★★ Du hast in diesem Kapitel gelernt, welche Rolle eine
★ entschiedene Entscheidung für deine erfüllte Karriere spielt und warum es sich lohnt, diese Entscheidung nicht hinauszuzögern.

Bist du bereit für deine Entscheidung?

Praxisteil:
Deine Entscheidungshilfe

Jetzt geht es um deine Entscheidung für deine Traumkarriere. Dafür, dass du deine Vision und deine Ziele als Bilder vor deinem inneren Auge erscheinen lässt – und dich dafür entscheidest.

Um zu testen, ob dein System eine Idee als stärkend und bejahend oder als schwächend und negierend wahrnimmt, kannst du verschiedene Tests machen. Einen davon, den sogenannten O-Ringtest, stelle ich dir hier vor. Er eignet sich recht gut dazu, dass du ihn alleine durchführst.

1. Du formst Daumen und Zeigefinger beider Hände jeweils zu einem Ring und verhakst die beiden Os ineinander.

2. Dann drückst du Daumen und Zeigefinger deiner dominanten Hand ganz fest zusammen.

3. Nun der Test: Stelle dir in Gedanken die Frage: „Wie ist mein Vorname?" Gib dir gedanklich deinen richtigen Vornamen.

4. Versuche jetzt für maximal 10 Sekunden, das fest zusammengedrückte O mit aller Kraft zu öffnen.

5. Was ist dein Ergebnis? Gelingt es nicht, wiederhole das Prozedere mit einer falschen Antwort.

6. Gelingt es bei der falschen Antwort, die Finger zu öffnen, und bei einer richtigen nicht, funktioniert diese Methode bei dir schon so, dass du sie nutzen kannst.

Die Stärke, mit der du das O zusammenhältst, ist ein Indikator dafür, ob deine gedankliche Antwort dein System schwächt – oder ob dein System stark bleibt. Dein System wird geschwächt, wenn deine Antwort Stress hervorruft und dir nicht entspricht.

Diesen Test kannst du als Entscheidungshilfe anwenden, wenn du auf dein Herz hören willst. Du führst ihn mit deinen unterschiedlichen Wahlmöglichkeiten aus. Deine mit dir stimmige Entscheidung ist die, die dein System stärkt und bei der du entsprechend hohe Energie aussendest. Es ist die Antwort, bei der du dein O nicht trennen kannst.

Das ist eine recht zuverlässige und einfache Möglichkeit, dich selbst energetisch zu testen. Du darfst diese Methode jedoch üben, denn natürlich kann es auch sein, dass deine Antworten tagesspezifisch unterschiedlich ausfallen – je nachdem, wie deine Energie gerade schwingt. Jedoch wirst du mit der Zeit ein Gefühl dafür bekommen, wann dir dieses Hilfsmittel gut dienen kann.

Mache jetzt den Test anhand deiner Entscheidung für deine sinnhafte Karriere. Führe Daumen und Zeigefinger zu den beiden Os zusammen und konzentriere dich auf deine Energie hinter der folgenden Frage:

„Entscheidest du dich *jetzt* in diesem Moment dafür, deinen wahren Herzensweg zu finden und die Karriere deines Lebens zu erschaffen?"

Und? Was ist deine Antwort?

7

„WIE SETZE ICH KONKRET UM?"
Dein Karriereplan

N ach meiner Entscheidung an diesem Tag in der Klinik habe ich gelernt: Es ist nicht mein Kopf, der die besten Ideen für mich und mein Leben hat. Es ist mein Bauch. In meinem Fall sogar in mehrdeutiger Hinsicht. Denn die kleine Seele, die sich für mich als Mama entschieden hat, steht sinnbildlich für mein inneres Wachstum.

Mein Bauchgefühl führte mich nach meiner Kündigung in ein Coaching, das meine bewusste Perspektive auf mein Leben komplett veränderte. Eigentlich wollte ich Unterstützung für das Aufsetzen eines Online-Produkts haben – bekommen habe ich den Schlüssel zu einer Tür in mir, von der ich bisher gar nicht wusste, dass es sie überhaupt gibt. Es war der Schlüssel zu meinem Bewusstsein, zum aktiven Denken, zu meiner Schöpferkraft, die ich bis dahin nicht kannte.

Auf einmal habe ich verstanden: Ich bin hier, um zu wachsen. Ich bin hier, um mich zu erinnern, wer ich wirklich bin. Und ich bin hier, um all meine Herzenergie in der Welt zu verbreiten und sie damit zu potenzieren. Ich bin hier, um Menschen auf ihrem Weg zu unterstützen.

Mein Karriereplan entstand in diesem ersten Coaching. Ich habe ihn auf dem Weg noch mehrfach verfeinert und angepasst. Doch das Wichtigste für mich dabei war: Ich bin ihn gegangen. Ich habe in mich und meinen Weg investiert. Zeit und Geld. Ich bekomme meine Investitionen um ein Vielfaches multipliziert zurück: in Form von ideellem und monetärem Einkommen – und in Form von innerer Freiheit.

Genau darum geht es auch für dich: um deinen Weg und deinen Plan, damit du die ersten Schritte machen kannst.

Du bist einzigartig. Genauso einzigartig ist die Karriere deines Lebens. Deine Fähigkeiten, deine Neigungen, deine Bedürfnisse: Die Kombination all dieser Dinge ist in dieser Form nur in dir vereint. Sie ist unverwechselbar wie dein Fingerabdruck.

Findest du das, was dir wirklich entspricht, bist du unschlagbar gut darin. Du kannst mit deiner Berufung eine Menge bewegen. Vor allem: Sie motiviert dich jeden Tag von innen heraus und füllt deine Tage mit Leben.

Das, was dich lebendig fühlen lässt, ist das, was dir entspricht. Auf den folgenden Seiten geht es ganz explizit um deine Herzens-Karriere. Die Bausteine deiner Bestandsaufnahme, deines Selbstbilds, deiner Vision, deines Muts und deiner Entscheidung setzt du nun zu deinem konkreten Plan zusammen.

Es folgen zahlreiche Fragen. Schreibe deine Antworten am besten direkt mit, denn Schreiben verursacht Denken. Deine Gedanken geben dir – wie du inzwischen weißt – Richtung und Fokus. Sie lenken dich.

ERINNERE DICH AN DEINE LIEBLINGSTÄTIGKEIT

Schritt 1: Du beginnst mit einer Zeitreise in dein kindliches Ich. Denn als Kind warst du deinem Kern noch sehr nah. Erinnere dich:

- Was hast du immer schon gern gemacht?
- Was sind die Tätigkeiten, die dir Freude bereitet haben – und bis heute Freude machen?

- Wofür bist du früher aus dem Bett gesprungen?
- Welche Bedürfnisse hast du mit diesen Tätigkeiten gestillt?
- Womit hast du andere „genervt", weil du einfach so sehr dafür gebrannt hast, weil du in diesem einen Aspekt einfach so anders warst?

Schritt 2: Und heute?

- Was kannst du besonders gut?
- Was fällt dir leicht?
- Wo stellst du immer wieder fest, dass Bekannte und Freunde davon ausgehen, dass es für dich ja ganz einfach ist?

Folgende Aussagen sind Indizien dafür, dass dir ein besonderes Talent in die Wiege gelegt wurde: „Ja, für *dich* ist das kein Problem." Oder: „*Du* hast es in dieser Hinsicht ja gut." Ein Gradmesser für Tätigkeiten, die dir wirklich liegen: Sie fallen dir so leicht, dass du im ersten Moment gar nicht auf die Idee kämst, dass sie so besonders sind, dass sie der Schwerpunkt deiner Karriere sein könnten.

Schritt 3: Nimm dir deine Ideenliste zur Hand und priorisiere deren Inhalte. Suche dir dazu die Tätigkeiten heraus, die in dir die größte Freude auslösen und stelle dir weitere Leitfragen dazu:

- Wobei hüpft dein Herz am meisten?
- Was fällt dir am leichtesten?
- Was ist am leichtesten für dich umzusetzen?

In der Natur gilt das Gesetz des geringsten Aufwands. Die Natur ist unglaublich effizient. Alles, was nicht gebraucht wird, schafft sie ab. Wahres Wachstum schmerzt nicht und ist nicht anstrengend. Es passiert einfach.

Genauso ist es mit deiner Berufung: Sie beinhaltet die Tätigkeit, die deinem Selbst entspricht. Dadurch fällt sie dir leicht. Die Überzeugung, dass Arbeit anstrengend sein muss, gilt für dich ab jetzt nicht mehr. Die Natur macht es dir nicht extra schwer – sondern extra leicht. Alles geschieht *für* dich. An dieser Stelle darfst du deine Logik ändern. Folgst du deinem natürlichen Ruf, wirst du zum Profi in dem, was du gut kannst – und was dir leichtfällt.

Schritt 4: Deine Herzens-Karriere auszuüben hat auch mit der Unterstützung von anderen zu tun. Du kannst Geld verdienen mit Tätigkeiten oder Produkten, die anderen dienen. Das ist die wahre Währung. Folglich darfst du dir als Nächstes weitere Fragen stellen:

- In welchen Dingen wirst du immer wieder von unterschiedlichen Menschen um Rat gefragt?
- Wobei hast du schon vielen Menschen geholfen, womit hast du schon viele Menschen berührt?
- Was daran hat dir richtig Freude gemacht?
- Womit stiftest du am meisten Wert?
- Welches Problem hast du für dich selbst schon gelöst? Sicher kann deine Lösung auch anderen Menschen helfen.

Schritt 5: Spezifiziere jetzt weiter dein Bild von deiner Traumkarriere – bediene dich dabei den Dingen, wie du sie *wirklich* haben willst:

- Wie soll sich die Karriere deines Lebens für dich anfühlen?
- Wie sieht dein Alltag aus, wenn du deinen Herzensweg gehst und deine Berufung lebst?
- In welcher Branche bist du unterwegs?
- Wie viele Stunden jede Woche investierst du in deinen Traumjob?

- Wie sieht dein Einkommen aus?
- Aus welchen Quellen kommt Geld zu dir?

All diese Fragen sind mächtig. Deine Antworten darauf sind die Randsteine für deinen Herzensweg.

DEINE LIEBLINGSMENSCHEN IM BÜRO UND ZUHAUSE

Die Menschen, mit denen du dich umgibst, sind ein entscheidender Faktor in deinem Leben. Dein Umfeld inspiriert dich und lässt dich wachsen – oder es hält dich klein und macht es dir damit umso schwerer, aus dir selbst heraus deine wahre Größe zu entfalten. Darum wählst du die Menschen, die dich am meisten beeinflussen, mit Bedacht. Deine Lieblingsmenschen gehören untrennbar zu deinem Herzensweg und der Karriere deines Lebens.

Daher skizziere jetzt ganz genau dein persönliches Wunschkonzert: Mit welchen Menschen möchtest du auf deinem Weg zusammenarbeiten – entweder als Kollegen, Geschäfts- oder Kooperationspartner oder auch als Mitarbeiter oder Kunden?

Welche Eigenschaften haben diese Menschen? Welche Werte sind ihnen wichtig? Wie verhalten sie sich? Wie geben sie sich? Welche Qualitäten haben sie?

Konkreter heruntergebrochen auf die einzelnen Rollen:

1. Welchen Menschen möchtest du mit deiner Arbeit dienen? Sind diese Menschen Kunden, Mitarbeiter oder Vorgesetzte? An welchem Punkt stehen diese Menschen ganz genau? Wollen sie etwas verändern? Was sind ihre Interessen? Was ist ihr Antrieb? Was

beschäftigt sie genau? Was sind ihre Ängste, Sorgen und Zweifel? Was möchten sie erreichen? Welche Ziele haben sie, bei denen du sie mit deiner Tätigkeit oder deinem Produkt unterstützen kannst? Für wen genau bist du da? Welches Problem löst du oder: Wobei kannst du sie unterstützen?

Sei dabei so spezifisch wie möglich. Am besten stellst du dir eine konkrete Person vor, der du Namen, Alter und Eigenschaften gibst. Vielleicht hast du sogar ein Bild vor Augen?

2. Von welchen Menschen möchtest du dich beruflich inspirieren lassen? An welchem Punkt stehen diese Vorbilder oder Mentoren? Welche Eigenschaften bringen sie mit? Welche Haltung haben sie zu sich selbst und zu ihrem Leben? Was fasziniert dich an ihnen?

3. Mit welchen Menschen möchtest du unmittelbar zusammenarbeiten? Welche deiner Qualitäten ergänzen sie optimal? Was macht diese Menschen für dich aus? Welche Charakterzüge schätzt du an ihnen?

4. Und nicht zuletzt: Welche Menschen siehst du auf deinem Herzensweg an deiner Seite als wirkliche Freunde? Sind das die Menschen, mit denen du auch arbeitest? Sind es andere? Was ist dir wichtig? Welche Werte verkörpern sie?

All diese Antworten helfen dir dabei, dir das Karriere-Umfeld zu erschaffen, das deinem Zielbild entspricht. Damit du Menschen in dein Leben ziehst, die zu dir und deinem Ziel passen und dich wachsen lassen.

DENKE
NOCH GRÖßER!

Im nächsten Schritt rufe dir deine große Vision vor dein inneres Auge, die du in Kapitel 3 erarbeitet hast: Welche Ergebnisse möchtest du auf deinem Herzensweg erzielen? Für dich selbst und auch für andere? Was ist dir dabei wichtig?

Vor allem: Warum willst du diese Ergebnisse in dein Leben ziehen? Welche deiner Bedürfnisse stecken dahinter? Was genau ist dein Antrieb? Dieses Warum ist es, das dich immer wieder auf Kurs bringt, wenn der Weg mal nicht geradeaus geht. Schreibe dir dieses Warum deswegen so konkret wie möglich auf und bewahre es auf, sodass du immer wieder darauf zurückgreifen kannst.

Zu deinem Traum gehört auch dein Geldziel. Welches ist das? Wie viel möchtest du verdienen? Welches Einkommen motiviert dich wirklich? Denke dabei daran: Trau dich, groß zu träumen!

Denn es geht darum, dass du wirklich enthusiastisch auf deine Karriere zusteuerst und daran wachsen kannst. Schritt für Schritt. Nicht umsonst heißt es Herzensweg. Denn das ist es, worum es in Wahrheit geht: um den Weg.

Auf diesem Weg setzt du dir immer wieder neue, noch größere Ziele. Es geht darum, sie zu erreichen – und gleichzeitig geht es überhaupt nicht darum. Entscheidend ist, zu wem du auf deinem Weg wirst. Entscheidend ist, dass du dich daran erinnerst, wer du wirklich bist. Das ist das, was dir Sinn gibt. So erfüllst du deine Tage.

Da Geld auch Energie ist und keinen Wert an sich hat, ist dabei besonders wichtig: Warum möchtest du dieses Geld verdienen?

Wie möchtest du es einsetzen? Was kannst du dann tun, was du aktuell nicht tun kannst? Welche Auswirkungen hat es, wenn du dieses Geld hast und zirkulieren kannst: für dich, deine Familie, dein Umfeld?

Nun beschreibe so detailliert wie möglich, womit du Menschen unterstützen kannst. Dabei spielt es keine Rolle, ob du für dich entschieden hast, deinen Herzensweg als Angestellter oder als Selbstständiger zu beschreiten. Wichtiger ist: Welche Herausforderung von Menschen löst du durch deine Tätigkeit? Welches Ergebnis bekommen die Menschen, denen du dienst? Warum genau hilft ihnen dieses Ergebnis?

ZUSAMMENFASSUNG

★★ In diesem Kapitel hast du all deine Wünsche in Bezug auf
★ deine erfüllte Karriere gesammelt. Nun geht es darum, sie
zu einem konkreten Plan zusammenzufassen.

Praxisteil:
Entwickle deinen
Karriereplan auf einer Seite

In diesem Praxisteil führst du all das zusammen, was du in Bezug auf deine Berufung und deinen Herzensweg bisher niedergeschrieben hast. Insbesondere die Antworten, die du in diesem Kapitel erarbeitet hast, kommen hier zum Tragen.

1. Markiere die für dich wichtigsten Antworten auf die Fragen aus diesem Kapitel und setze deine Schwerpunkte. Hier geht es darum, dass du die Essenz daraus in aller Kürze festhältst.

2. Fülle dazu die folgende Vorlage aus. Du wirst sicher einige Formulierungen ändern müssen, damit sie individuell passt – je nachdem, welche Tätigkeit du für dich als deine Lieblingstätigkeit identifiziert hast.

3. Du kannst deine Unterstützung innerhalb eines Unternehmens oder einer Branche, aber auch als Selbstständigkeit formulieren. Abhängig davon unterstützt du zum Beispiel Vorgesetzte, Mitarbeiter oder Kunden.

4. Durch diese Individualität sind die folgenden Sätze eher wie ein grober Rahmen für deinen Karriereplan auf einer Seite zu sehen.

5. Lies dir im letzten Schritt deinen Plan laut vor und ändere alles, was für dich noch nicht stimmig ist. An welchen Stellen darfst du noch nacharbeiten?

DEIN KARRIEREPLAN

Ich unterstütze ... (Lieblingsmensch) dabei, ... (Herausforderung deines Lieblingsmenschen) zu lösen. Durch meine Tätigkeit erreicht er/sie ... (deine Lösung).

Ich arbeite und umgebe mich nur mit Lieblingsmenschen. Sie haben vor allem folgende Eigenschaften und Werte: ... (Eigenschaften und Werte aufführen).

Ohne meine Tätigkeit ... (was fehlt deinen Lieblingsmenschen, wenn du ihnen nicht dienst? Führe hier möglichst drei Punkte auf). Dadurch ... (Auswirkungen im Leben deiner Lieblingsmenschen, wenn sie deine Lösung nicht in Anspruch nehmen).

Weil ich meine Berufung lebe und sie unterstütze, ... (Ergebnis deiner Lösung für deine Lieblingsmenschen). Dadurch ... (positive Auswirkungen im Leben und im Umfeld deiner Lieblingsmenschen, wenn sie deine Lösung haben).

Ich diene ihnen, indem ich ... (deine Tätigkeit, deine Leistung).

Als Ausgleich für meine Unterstützung erhalte ich pro ... (Einheit) x Euro. Im Jahr diene ich ... (Menge) und bekomme dadurch x Euro, um sie zu investieren für ... (dein Warum des Geldverdienens).

8

„WIE ERKENNE ICH DEN NÄCHSTEN SCHRITT?"

Deine Reise nach „Impulsien"

Du trägst deinen ganz eigenen und stets verlässlichen Kompass in dir, sobald du dir selbst ein Ziel gegeben hast: deine Intuition. Handelst du nach ihr, erschaffst du neue Ergebnisse und kannst sogar Quantensprünge in deiner Entwicklung erreichen.

Denn deine Intuition liefert dir keine Ideen auf Basis gängiger Logik. Sie reagiert nicht auf Umstände und passt sich keinen Glaubensmustern an, sondern prüft die unendlichen Möglichkeiten des Quantenfelds – in jedem Moment. Selbst, wenn du nicht aktiv fragst.

Deine Intuition ist eine deiner sechs intellektuellen Fähigkeiten. Sie ist deine Anbindung an dein unendliches Potenzial. Daher ist sie perfekt. Sie kennt deinen mit dir stimmigen nächsten Schritt. Die Kunst ist, sie zu hören – und dann auch danach zu handeln. Das nennen viele Menschen, die sich mit Persönlichkeitsentwicklung beschäftigen, „Tuniversum". Denn ohne Tun keine Ergebnisse.

Für die Kombination aus Intuition und Tuniversum habe ich den Begriff „Impulsien" kreiert. Dieses Wort ruft vor meinem inneren Auge das Bild von einer Urlaubsinsel hervor und passt daher besonders gut, weil es darum geht, nach Impulsen zu handeln, die du am ehesten wahrnimmst, wenn du mit deinem Bewusstsein in einer entspannten Grundhaltung bist und im gegenwärtigen Moment veweilst. Aus dieser Energie heraus fühlen sich die Handlungen an wie Urlaub auf einer Insel – sie sind nicht anstrengend wie das übliche Tun und Abarbeiten, das wir gewohnt sind.

Eine weitere Herausforderung ist, die Intuition zu unterscheiden von deinen Überzeugungen und Bewertungen. Denn anders als deine Eingebungen aus dem Herzen wollen dich diese lieber im Status quo halten, weil er sicher erscheint.

Dein Bewusstsein kommuniziert mit deinem Unterbewusstsein. Ebenso kommuniziert dein Unterbewusstsein mit deinem Bewusstsein – über deine Intuition. Sie spricht unentwegt mit dir. Sie gibt dir Antworten auf deine Fragen. Sie ist deine innere Stimme des Wachstums.

Wenn du dich mit Menschen unterhältst, wird dir möglicherweise niemand eine konkrete Antwort darauf geben können, was Intuition genau ist. Dennoch wird sicher jeder mindestens eine Situation hervorbringen können, in der er oder sie ein Gefühl bekommen hat, etwas anders zu tun als sonst – und in der scheinbar zufällig dadurch etwas Besonderes eingetreten ist.

Mein Vater hat mir mal erzählt, dass er von der Arbeit abends *immer* denselben Weg nach Hause gefahren ist. Nur dieses eine Mal in den 1980er Jahren hat er aus einem spontanen Gefühl heraus einen anderen Weg gewählt. Am Krankenhaus vorbei. Auf dem Parkplatz dort stand das Auto meiner Mutter. Sie war mit mir dort, weil ich vom Klettergerüst gefallen war, mir den Arm ausgekugelt hatte und notoperiert werden musste. In Zeiten ohne Handy war die Intuition seine direkte Verbindung zu mir und meiner Mutter.

Die Intuition ist der Kanal, über den du mit dem Quantenfeld verbunden bist, mit dem globalgalaktischen Bewusstsein, mit den Möglichkeiten des Universums. Daher kannst du über sie nicht nur Schwingungen anderer Menschen wahrnehmen, sondern auch Antworten auf all deine Fragen bekommen.

Deine Berufung, deine große Vision und den Weg, wie du dorthin gelangst, erreichst du über deine Intuition. Sie ist überall. Sie kann dir – wie das Wort verrät – „in-spirierte" Einsichten bringen: Einsichten basierend auf deinem Geist. Es ist überliefert, dass Albert Einstein eine solche inspirierte Einsicht hatte, als er auf die Idee zur Relativitätstheorie stieß.

Der große Erfinder Thomas A. Edison soll sich dem grenzenlosen Potenzial aus dem Quantenfeld ebenfalls bedient haben. Indem er regelmäßige Powernappings unternahm und daraus seine nächsten Schritte ableitete. Denn er wusste: Mit seiner eigenen aktuellen Logik käme er nie zum Ziel – sonst wäre er bereits dort.

Genau dieses Anzapfen des Quantenfelds kannst du dir auch zunutze machen, um herauszufinden, welcher Schritt für deine Berufung genau jetzt an der Reihe ist.

Deine Intuition spricht mit dir über ganz verschiedene Wege: durch Worte anderer Menschen, die dich auf besondere Weise anspringen, durch scheinbar zufällige Ereignisse, durch Plakatsprüche, die du wahrnimmst, oder durch Liedtexte oder Worte in einem Buch. Vielleicht ging es dir auch schon einmal so, dass du gerade auf der Suche nach einer ganz bestimmten Antwort warst und dann im Radio genau dieses eine besondere Lied lief, das wie eine Antwort wirkte.

Das ist kein Zufall. Denn das Universum funktioniert nach klaren Gesetzen. Genau wie Gravitation kein Zufall ist, sind auch diese Ereignisse keine Zufälle. Deine Energie folgt deiner Aufmerksamkeit. Du nimmst nur das bewusst wahr, was für dich von irgendeiner Relevanz ist.

Somit ist deine Intuition ein perfekter Ratgeber für deinen nächsten Schritt. Sie ist universelle Genialität. Wichtig ist, dass du die Reihenfolge beachtest: Zunächst fragst du deine Intuition, erst dann reist du nach Impulsien und handelst. Denn dann gehst du von deiner Zielfrequenz aus.

Erst fühlst du dich am Ziel, *dann* handelst du. So agieren Menschen, die unabhängig von Umständen leben. So werden große Ziele mit Leichtigkeit realisierbar. Die Arbeit davor ist die innere Arbeit. Die Arbeit, deine Gedanken bewusst zu machen und dein Unterbewusstsein so umzuprogrammieren, dass dein Autopilot für dich läuft.

Die wahrscheinlich größte Herausforderung daran: Die Intuition folgt meist nicht deiner Logik. Denn deine Logik basiert auf der Gesamtheit deiner Prägungen – und eben nicht auf der Intelligenz des Universums. Darum fällt es oft so schwer, ihr zu folgen.

Willst du deine Intuition nutzen und damit dein inneres Genie wirklich wecken, darfst du lernen, auf sie zu hören. Dafür braucht es Stille – und die richtigen Fragen.

STELLE DIR
DIE RICHTIGEN FRAGEN

Die Qualität deiner Fragen bestimmt die Qualität deines Lebens. Fragen öffnen dein Bewusstsein für Antworten aus dem Feld der unendlichen Möglichkeiten.

Die Magie des Lebens entsteht nicht aus dem Wissen, sondern aus dem Unwissen. Erinnere dich daran, wie magisch und voller Zauber die Welt war, als du als Kind jeden Tag Neues entdeckt hast. Dein Erfahrungsschatz war noch nicht mit Annahmen gefüllt. Du warst offen für jede Sicht der Dinge.

Diese Perspektive ist auch heute noch dein Schlüssel für Antworten aus dem Quantenfeld. Denn genau wie ein randvolles Wasserglas keinen Tropfen Flüssigkeit mehr aufnehmen kann, genauso kannst auch du keine Antworten aus dem Quantenfeld empfangen, wenn dein Bewusstsein randvoll ist mit Annahmen, Bewertungen und vorgefertigten Antworten.

Alle Aussagen hingegen sind umso mehr gefärbt von diesen Annahmen, die zum Großteil nicht einmal deine sind. Deshalb sind Fragen so unglaublich mächtig. Sobald du in die Frage gehst, öffnest du dich den Möglichkeiten.

Also versetze dich zurück in dein kindliches Ich, wirf deine Vorannahmen über Bord und stelle dir die großen Fragen für dich und dein Leben, für deine Traumkarriere. Welche Fragen hast du dir zum Beispiel gestellt, als du sieben oder acht Jahre alt warst: Warum bin ich hier? Wo gehe ich hin? Wo war ich vorher? Wer bin ich genau?

„Wer lebt ohne zu fragen,
lebt nicht wirklich."
Platon, griechischer Philosoph

Welche Fragen können dich heute auf deinem Weg weiterbringen? Vor allem: Bist du wirklich bereit, die Antworten zu hören, wenn sie kommen?

Du bist darauf konditioniert, deine Antworten im Verstand zu finden. Doch der Verstand kann dir nur auf Fragen antworten, zu denen du bereits Erfahrungen gesammelt hast, auf Dinge, die du dir erklären kannst. So leitet er dich innerhalb eines begrenzten Raumes mit seinen Antworten.

Willst du dein volles Potenzial entfalten, nutze das Quantenfeld. Dort stecken alle Möglichkeiten. Das, was dich wirklich erfüllt, findest du nur in dir selbst. Dein Potenzial liegt in dir.

Also stelle dir gute Fragen. Deine Fragen bekommen eine umso bessere Qualität, wenn du deren Ziel konkret formulierst.

Einstein soll sinngemäß einmal gesagt haben: „Wenn ich eine Stunde Zeit hätte, ein Problem auf Leben und Tod zu lösen, würde ich 55 Minuten davon damit verbringen, die richtigen Fragen zu stellen." Ganz gleich, ob Einstein das tatsächlich so oder ähnlich formuliert hat, oder ob es ihm nur zugeschrieben wurde: Die Aussage dahinter ist extrem kraftvoll.

Um wirklich das Beste für dich herauszuholen, braucht es noch etwas von dir: Du musst bereit sein, Antworten zu empfangen, die dich überraschen.

Was zunächst banal klingt, kann sehr herausfordernd sein. Denn Fragen zu stellen und offen für wirklich jede Antwort zu sein, erfordert Mut. Mut, die eigenen Grenzen loszulassen und bereit zu sein, sie zu überschreiten.

Du kannst dich über deine Intuition an das Quantenfeld anbinden und nach allem fragen. Alle Fragen, die du formulieren kannst, tragen ihre Antwort bereits in sich. Deine Intuition antwortet dir immer. Es kann sein, dass du die Antwort zeitversetzt wahrnimmst: Es können Tage oder gar Wochen oder Monate zwischen Frage und Antwort liegen. Doch die Antwort kommt immer.

Darum ist es unheimlich wichtig, gute Fragen zu stellen, wenn du dich auf einen für dich neuen Weg machst. Sie pauschal einzuteilen ist nicht möglich, weil es wichtig ist, sehr präzise zu sein – und gleichzeitig den Weg zum Ziel nicht vorzugeben. Denn der darf von deiner Logik abweichen. Schließlich kennst du das Wie selbst nicht – da wäre es wenig sinnvoll, du würdest dich mit deinem Verstand begrenzen, der nur auf deinen bisherigen Erfahrungen beruht.

Stelle dir das Universum als Online-Versandhandel vor. Du darfst alles bestellen – und bekommst genau das geliefert. Je konkreter du fragst, desto zielgenauer sind die Lieferungen. Das Universum kennt keine Wertung. Es ist einfach. Es unterscheidet nicht zwischen gut und schlecht. Es bringt dir exakt das, was du aussendest und worauf du deine Energie am meisten lenkst.

Vor allem: *Es bringt dir exakt das, worin du am meisten Gefühle investierst.* Punkt. Sendest du Mangelenergie aus, schickt es dir Mangel. Fokussierst du dich auf Angst, bekommst du mehr davon. Konzentrierst du dich auf Fülle und Vertrauen, erhältst du Fülle und fühlst Vertrauen.

Nach deiner Bestellung gehst du – genau wie im Online-Versandhandel – davon aus, dass du die Lieferung auf jeden Fall erhältst. Du „bestellst" nicht neu, du fragst nicht ständig nach. Du vertraust und es wird geliefert. Du bist offen für alle Wege. Denn das Wie spielt keine Rolle.

Im Folgenden schlüssele ich dir anhand der Frageworte ein paar Aspekte auf, wie du deine Fragen ausrichten kannst, um sie qualitativ wertig zu stellen und bestmögliche Antworten zu erhalten. Natürlich kannst du auch ganz ohne Frageworte formulieren. Und natürlich sind das nur Anhaltspunkte.

WARUM „WARUM?" OFT KEINE GUTE FRAGE IST

In der linearen Welt der Umstände und der reproduzierten Vergangenheit geht es häufig um Warum-Fragen. Warum ist „Warum?" oft kein guter Einstieg, um Antworten zu finden, die dich wirklich weiterbringen? Weil sie meist einen Bezugspunkt haben, der dich blockiert. Zum Beispiel beziehen sie sich sehr häufig auf die Vergangenheit: Warum hat ein bestimmtes Vorhaben nicht geklappt? Warum habe ich das nur so gemacht? Warum hat er oder sie das getan?

175

Oder sie beziehen sich auf Vergleiche oder Bewertungen, die dich eben nicht für die unendlichen Möglichkeiten öffnen. Beispielsweise: Warum funktioniert das nur bei anderen und nicht bei mir? Warum geht es mir gerade so schlecht?

Du suchst mit dem Warum nach Zusammenhängen und heftest mögliche Antworten auf diese Weise bereits an einen Umstand. Das ist keine offene Frage. Sobald es „umständlich" wird, schließt du zahllose Möglichkeiten bereits aus.

Wenn du bestimmte Zusammenhänge erschließen willst, ist „Wofür" dein passenderes Fragewort. Es richtet sich in die Zukunft und ist damit offener. Wofür ist etwas Bestimmtes gerade gut? Wofür habe ich es getan? Wichtig hier: Achte darauf, dass du deinen Fragen eine wünschenswerte Richtung gibst, um mehr von den Dingen anzuziehen, die deinem Zielbild entsprechen.

WESHALB DAS „WIE" MIT VORSICHT ZU GENIEẞEN IST

Fragen, die mit „Wie" beginnen, sind nicht immer sinnvoll, wenn du Ziele außerhalb deines bisherigen Feldes an Möglichkeiten erreichen willst. Denn sie fragen nach dem Weg. Es gibt unbegrenzte Möglichkeiten dorthin – die besten entspringen nicht deinem erfahrungsbasierten Verstand. Du kannst den Weg nicht kennen, weil er außerhalb deiner aktuellen Logik liegt. Dein Logiker, dein Kopf, ist es auch, der nach dem Wie fragt. „Wie soll das gehen?" „Wie komme ich zum Ziel?"

Willst du das Wie ergründen, sendest du die Frequenz von Kontrolle und Sicherheit aus. Doch dort, wo du hinwillst, gibt es keine Kontrolle und Sicherheit in deinem bisherigen Verständnis. Kontrolle und Sicherheit existieren ausschließlich in deiner Komfortzone. Die Schwingung, die du ins Feld schickst, entspricht demnach nicht der Schwingung deines Ziels. Somit bleibt das Ziel unerreichbar.

Um das Wie musst du dich in der Regel gar nicht kümmern. Das Wie entfaltet sich nach und nach auf deinem Weg. Deshalb sind Wie-Fragen nur in ganz bestimmten Formulierungen sinnvoll. „Wie geht es leichter?" oder „Wie ist es doch möglich, auch für mich?" können Fragen sein, die du dir beispielsweise stellen kannst, wenn du dich im ewigen Tun vergisst oder deine Zweifel nach Hause schicken möchtest.

Oder du richtest deine Wie-Fragen direkt an der Zukunft aus und aktivierst deine Sinne, indem du Bilder, Gefühle, Geräusche und Gerüche erschaffst: „Wie sieht mein Leben aus, wenn ich am Ziel bin? Wie fühlt es sich an?" „Wie handelt meine neue Identität?"

WANN „WANN?" DIE RICHTIGE FRAGE IST

Fragen nach dem Zeitpunkt sind in der Regel nicht zielführend. Das Universum funktioniert nach klaren Gesetzen. Es irrt sich nicht. Alles geschieht nach dem Konzept des großen Ganzen zum perfekten Zeitpunkt.

Willst du für deine Ziele und Visionen einen Zeitpunkt setzen, ist das nur aus einer *einzigen* Energie heraus für das Erreichen deiner Ziele sinnvoll: um deine Intention zu fokussieren und damit zu verstärken. Ein Zeitpunkt für deine Vision kann dafür sorgen, dass du dein Ziel nicht in weiter Ferne siehst und dich damit auf diese Weise besser verbinden kannst.

Beginnst du jedoch, nach dem Wann zu fragen: „Wann erreiche ich mein Ziel?", schickst du damit gleichzeitig eine Energie des Mangels ins Feld. Du implizierst, dass dein erwünschter Zustand noch nicht erreicht ist und bist damit von ihm abgeschnitten. Du schwingst nicht auf derselben Frequenz wie dein Zielzustand. Auch hier gilt: Fragst du nach dem Wann, entkoppelst du dich von deiner Vision – und machst sie damit unerreichbar.

Was „Was?" so kraftvoll macht

Kraftvoll sind Fragen, die mit „Was" beginnen, da sie sehr offen sind und Möglichkeiten einladen, solange sie eine neutrale oder positive Konnotation mitbringen. „Was will ich wirklich?" „Was kann ich heute tun, um meinem Ziel einen Schritt näher zu kommen?"

Auch Fragen, die im zielgerichteten Sinne mit „Was ist, wenn…" beginnen und die Zweifel in Gelegenheiten umkehren, können Wunder einladen. „Was ist, wenn es funktioniert?" „Was ist, wenn es doch möglich ist?" „Was ist, wenn sich heute eine Gelegenheit ergibt, mit der ich nicht gerechnet habe?"

> *„Man hört nur die Fragen,*
> *auf welche man im Stande ist, eine*
> *Antwort zu finden."*
> *Friedrich Nietzsche, Philosoph*

Auch Fragen wie „Was hält mich auf?" sind hilfreich, um Überzeugungen aus deinem Unterbewusstsein bewusst zu machen, damit du sie daraufhin ändern kannst. Wichtig ist, dass du diesen zweiten Schritt – das Ändern – wirklich gehst, denn ansonsten gibst du deine Aufmerksamkeit auf das, was dich aufhält. Entsprechend bekommst du mehr davon geliefert, weil du genau diese Energie mit der Frage aussendest. Darum kehre Antworten auf deine Fragen nach deinen Ängsten, Sorgen und Zweifeln immer um in die Aussagen, die für dich auf deinem Weg hilfreich sind.

Wer „Wer?" fragt, ist klar im Vorteil

Auch Wer-Fragen sind sehr stark, um sinnvolle Antworten zu erhalten. „Wer kann mir jetzt helfen, mein Ziel zu erreichen?"

Ganz wichtig: Frage immer in die Zukunft gerichtet und stochere nicht zu lange in deiner Vergangenheit herum. Denn damit erschaffst du dir nur mehr vom Gleichen.

Du siehst: Fragen sind mächtig. Sie richtig zu stellen erfordert Übung. Probiere es einfach aus und erfahre, wie genau du sein darfst, um exakt das geliefert zu bekommen, was du bestellt hast.

Vergiss dabei nicht: Die Frage ist der erste Schritt auf dem Weg zu deinem Ziel. Das Vertrauen, dass sie genau zum richtigen Zeitpunkt perfekt beantwortet wird, ist der nächste. Noch wichtiger ist, dass du auch die entsprechenden Handlungen ausführst, die dir in den Antworten geliefert werden. Denn deine Handlungen bestimmen deine Ergebnisse.

NUTZE DEN AUTOPILOTEN FÜR DEINEN ERFOLG: DEINE GEWOHNHEITEN

Etwa 95 Prozent des Tages agierst du auf Autopilot. Du nutzt erlernte Muster und Gewohnheiten, um deinen Alltag zu bestreiten. Das ist sehr wichtig, denn sonst wäre dein Tag extrem anstrengend.

Erinnere dich nur daran, wie du das Schwimmen oder das Radfahren gelernt hast. Du hast jeden einzelnen Schwimmzug, jeden einzelnen Tritt auf die Pedale bewusst ausgeführt. Du bist Schritt für Schritt weitergekommen. Doch irgendwann ist der Prozess in Fleisch und Blut übergegangen. Jetzt musst du diese Schritte nicht mehr bewusst vollziehen. Das ist auch gut so. Stelle dir nur vor, du müsstest jeden Morgen bewusst Zähne putzen. Oder dich bewusst anziehen. Das würde dir extrem viel Energie nehmen. Dafür ist der Autopilot sehr hilfreich.

Gleichzeitig bestimmt der Autopilot deine Handlungen und damit deine Ergebnisse. Das tut er auf Basis deiner Gewohnheiten, die aus deinen Überzeugungen und Erfahrungen heraus entstanden sind. Nicht alle davon dienen deinem Ziel. In allen Bereichen, in denen du noch nicht die Resultate hast, die du gerne hättest – zum Beispiel in Bezug auf deine Karriere – agiert dein Autopilot noch nicht zu deinen Gunsten. In diesen Bereichen geht es darum, ihn bewusst anzupassen.

Das gelingt dir, indem du dir die Überzeugungen bewusst machst, die du für dich als wahr angenommen hast – vielleicht sogar, ohne dass du es selbst bemerkt oder aktiv entschieden hast. Achte einmal darauf, was du dir den ganzen Tag über erzählst. Deine Worte sind deine ausgesprochenen Gedanken. Deine wiederholten Gedanken rufen deine Gefühle hervor. Deine dominanten Gefühle bestimmen deine Handlungen und damit deine Ergebnisse.

Womit fütterst du deinen Autopiloten überwiegend zum Thema Karriere und zu allen Aspekten, die damit zusammenhängen? Was glaubst du in Bezug auf deine Karriere? Kommen dir Sätze in den Kopf wie: „Man muss hart arbeiten, um erfolgreich zu sein!", „Nur wer viel leistet, kann viel Geld verdienen!" oder „Mit meinen Talenten kann ich ohnehin kein Geld verdienen, das ist brotlose Kunst!"?

Alles, was du glaubst, ist in deiner Realität wahr. Bist du überzeugt davon, dass du niemals eine Karriere in Leichtigkeit erschaffen kannst, wirst du sie auch nie erreichen. Darum achte ab sofort auf deine Sprache. Sie verrät, was du denkst. So entlarvst du deine Ansichten, die deiner Wunsch-Karriere bisher im Weg standen.

Es hilft auch, wenn du dir einmal alles aufschreibst, was dir zu Karriere und zu Erfolg in den Sinn kommt. Was ist Karriere für dich? Wie fühlt sich Erfolg an? Je länger deine Liste, desto zuverlässiger sind die vergrabenen Überzeugungen aus deinem Unterbewusstsein dabei. Denn die ersten Antworten schreibt erfahrungsgemäß dein Kopf. Auch wenn Sätze dabei sind, von denen du schon längst denkst, du nähmest sie nicht mehr als wahr an: Schreibe sie trotzdem auf. Solange sie noch wie selbstverständlich zu Papier fließen, sind sie noch da. Schließlich hat dir niemand diese Antworten von außen souffliert.

Vielleicht lohnt sich eine solche Liste auch für dich in Bezug auf „Familie und Karriere" oder „Karriere und Geldverdienen" – oder gar zu anderen Gesichtspunkten, die dich im Kontext mit deiner Berufung besonders beschäftigen.

Schaue dir deine Listen an und schreibe nun neue Listen mit den Sätzen, die du stattdessen für dich glauben willst. Wie willst du es haben? Wie sähen Karriere, Erfolg, Vereinbarkeit mit der Familie oder Geldverdienen aus, wenn du nichts falsch machen könntest? Ich empfehle, die neuen Sätze auf Haftnotizen zu schreiben und überall dort anzubringen, wo du oft am Tag unbewusst draufschaust – denn auch dadurch entsteht Wiederholung.

Auf diese Weise deckst du hinderliche Überzeugungen auf und ersetzt sie bewusst durch deine neue, gewünschte Wahrheit. Allein schon dadurch, dass du sie dir immer wieder ins Bewusstsein holst, weil du achtsam mit deiner Sprache umgehst, werden sie sich nach und nach ändern. Genau wie du eine Sportart trainierst oder das Klavierspielen erlernst: Über Wiederholung gelangen deine neuen, gewünschten Annahmen in dein Unterbewusstsein und in dein Gefühls-Set. Ab dann dienen sie dir automatisch. Du stehst der Karriere deines Lebens nicht länger im Wege.

Gut zu wissen ist auch: Dein Unterbewusstsein ist vor allem abends kurz vor dem Schlafengehen und morgens direkt nach dem Aufwachen sehr empfänglich. Willst du deine Programmierungen ändern, ist es besonders effektiv, wenn du deine Gewohnheiten anpasst, indem du deinen Start in den Tag und in die Nacht entsprechend gestaltest.

Wichtig ist dabei, dass du überhaupt damit beginnst, deine Gewohnheiten anzupassen und dich vor allem zu diesen Zeiten auf deine Berufung und dein Zielbild zu fokussieren.

Denn willst du zu viel auf einmal, ist die Gefahr sehr groß, dass du am Ende nichts veränderst und deinen Autopiloten gar nicht zu deinen Gunsten umprogrammierst. Selbst den höchsten Berg erklimmst du, indem du den ersten Schritt tust. Wenn du hingegen davorstehst und in Ehrfurcht vor dessen Größe erstarrst, ändert sich ... nichts.

Die Menschen, die sehr bewusst mit sich selbst sind, achten genau darauf, was sie als Erstes am Tag tun und was als Letztes. Also achte auch du einmal darauf, was deine erste und letzte Handlung am Tag ist. Ist es das Handy, das dich in die Welt der Umstände entführt oder dafür sorgt, dass du dich an das Vergangene erinnerst und damit deine Vergangenheit jeden Tag aufs Neue wieder erschaffst? Sind es Gedanken, die du dir machst, wenn etwas nicht funktioniert? Sind es Sorgen, die in deinem Kopf Kreise ziehen?

Oder sind es Bilder von deiner Traumkarriere, deiner Vision? Sind es Gedanken wie „Was wäre, wenn es funktioniert?" Es gilt nun, dass du bewusst in den Tag startest – und bewusst in die Nacht. Denn dein Tag wird sehr stark davon geprägt, wie du in ihn startest. Dein Unterbewusstsein arbeitet über Nacht weiter. Es agiert wie ein Soldat: Es folgt deinem letzten Befehl.

Etabliere deshalb wenigstens ein neues Ritual in deinem Leben, das dich in eine höhere Schwingung versetzt – in die Frequenz, die dich deiner Traumkarriere näherbringt.

Führe dieses neue Ritual für 90 Tage am Stück ohne Unterbrechung aus. Unterbrichst du es zwischendurch, starte einfach wieder bei Tag 1. Denn erst, wenn du 90 Tage hintereinander dasselbe getan hast, ist es zur Gewohnheit geworden. Ab dann ist es für dich das neue Normal – und nicht mehr anstrengend. Dann ist es gelernt und du kannst dich um die nächste Gewohnheit kümmern, die sich für dich zu ändern lohnt.

DEIN NEUES MORGENRITUAL

Eine mächtige Idee für dein neues Morgenritual: Entscheide dich dazu, nicht eher aufzustehen, bevor du nicht ein Gefühl der Dankbarkeit für diesen neuen Tag empfindest. Ganz egal, welche Umstände dich gerade beschäftigen. Ganz egal, welche Sorgen und Zweifel du hast. Das Leben schenkt dir 86.400 neue Sekunden, die das Potenzial haben, zum Tag deines Lebens zu werden – wenn du ihn dazu machst.

Sie kommen nie wieder. Du kannst auch nicht entscheiden, ob du dieses Geschenk bekommst – geschweige denn, *wie oft* du es noch erhältst. Ist das nicht ein Grund, wirklich dankbar zu sein? Vielleicht gelingt es dir auch, dir die Bilder deiner Traumkarriere vor das innere Auge zu rufen und dich auf eine Reise in deine Wunsch-Zukunft zu begeben.

Willst du diesen Effekt noch verstärken, schreibe nach dem Aufstehen mindestens drei Dinge auf, für die du aktuell dankbar bist. Wie unfassbar mächtig Dankbarkeit ist, hast du bereits erfahren. Starte dankbar in den Tag und du erschaffst dir mehr von den Dingen, für die du schon jetzt dankbar bist.

Auch wenn es an manchen Tagen zunächst schwerfällt: Tu es trotzdem und du wirst allein durch das Tun und deine Konsequenz jeden Tag ein Prozent besser. Es geht nicht darum, perfekt zu sein, sondern es einfach zu tun. Mit der Zeit wird es dir immer besser gelingen. Wenn dir das langsam und mühsam vorkommt: Schon nach 100 Tagen bist du doppelt so gut wie zu Beginn – mit „Zinseszinseffekt" wirst du die morgendliche Dankbarkeit so schnell so gut meistern, wie du es rückblickend nicht für möglich gehalten hast. Dein Leben wird dir spürbar mehr Geschenke liefern, die du dann auch als solche wahrnehmen und annehmen kannst, weil du auf einer erhöhten Frequenz schwingst. Wenn das nicht ein Grund ist, einfach unperfekt zu starten ...

DEIN NEUES ABENDRITUAL

Wenn du dein Morgenritual etabliert hast, erschaffe dir auch ein für dich passendes Abendritual. Es folgen ein paar Ideen von mir, von denen du dir die heraussuchen kannst, die dir selbst am meisten entspricht. Entscheidend ist auch hier: Besser erledigt als perfekt. Mache lieber eine Sache konsequent jeden Tag, als dass du alles auf einmal startest und nach ein paar Tagen aufgibst. Denn der Effekt stellt sich durch die Kontinuität und die Wiederholung ein.

1. Schreibe dir vor dem Schlafengehen drei Dinge auf, die für dich am Tag richtig gut gelaufen sind, auf die du stolz bist oder die dich glücklich gemacht haben.
2. Du kannst auch eine entspannende Meditation nutzen, die dich ins Hier und Jetzt führt und damit von den Umständen des Tages entkoppelt. Auch das ist sehr kraftvoll.
3. Bevor du einschläfst, schaue dir deine Vision an, die du kreiert hast. Schlafe mit dem Gedanken daran ein, wie du dich fühlst, wenn du an deinem Ziel bist. Das ist nicht nur eine wunderschöne Art in den Schlaf zu finden: Vor allem tut dir dein Unterbewusstsein den Gefallen und arbeitet in der Nacht an genau diesem Zukunfts- szenario weiter.

All das sorgt dafür, dass du am Morgen nicht in deiner Vergangenheit aufwachst, sondern in deiner Zukunft. Wenn du nun noch am Tag darauf Acht gibst, was du dir selbst erzählst, führt dich das auf Dauer sicher zu deinem Ziel.

MACH'S DIR LEICHT
UND LASS DICH UNTERSTÜTZEN

Deine Großartigkeit wohnt in dir. Deine Idee für deine stimmige Karriere ebenso. Du brauchst nichts und niemanden, sondern bist genau jetzt genau richtig, wie du bist. Dennoch musst du es dir auf deinem Weg zu deiner Traumkarriere nicht unnötig schwer machen. Du darfst für dich Unterstützung wählen. Willst du schneller an dein Ziel kommen, lohnt es sich immer, eine Abkürzung zu nehmen und Menschen zu suchen, die schon dort sind, wo du hinwillst.

Warum solltest du dieselben Fehler machen, die andere bereits für dich gemacht haben? Warum solltest du alles allein machen wollen, wenn es Experten für die Gebiete gibt, die dir auf dem Weg zu deiner Traumkarriere helfen, die aber nicht in deiner Geniezone liegen? Warum solltest du selbst nach deinen blinden Flecken suchen, wenn ein guter Mentor sie auf den ersten Blick sehen kann?

Das Geheimnis erfolgreicher Menschen ist, dass sie den Menschen folgen, die ihnen ein paar Schritte voraus sind. Also mach's dir leicht und lass dich unterstützen.

Das hilft vor allem dabei, deine Energie auf deine Zielfrequenz anzuheben und dort über einen längeren Zeitraum zu halten. Begeisterung für ein paar Tage und Wochen wird dir möglicherweise gut gelingen. Das kennst du sicher von Neujahrsvorsätzen.

Entscheidend ist jedoch, über einen längeren Zeitraum dranzubleiben und immer weiterzugehen – jedem Widerstand, jeder Angstbarriere und jedem Traumdieb zum Trotz – inklusive deinem eigenen inneren Teufelchen, das dich gern im Status quo halten möchte, weil es auf trügerische Art so viel bequemer erscheint.

Schließlich geht es hier um nicht weniger als um deinen neuen Karriere-Entwurf, um deine sinnhafte Karriere. Es geht darum, dass du abends nicht mehr aufgezehrt und frustriert auf der Couch sitzt. Dass du dich nicht mehr zusammenreißen musst, um niemanden anzublaffen, der es nun wirklich nicht verdient hat. Dass du endlich nicht mehr das Gefühl hast, in einem Luxusproblem festzustecken und deine Lebensfreude darunter zu vergraben. Sondern dass du deine wahre Bestimmung lebst, die dich morgens mit einem fröhlichen Herzen aufstehen lässt und die dein Leben bereichert. Es geht um den Sinn in deinen 86.400 Sekunden jeden Tag.

Darum lass dich unterstützen und profitiere von der Energie eines Mentors, die dich dauerhaft auf dem passenden Schwingungslevel hält. Damit erhöhst du deine Möglichkeit von Quantensprüngen – hinein in die Karriere deines Lebens.

ZUSAMMENFASSUNG

★★
 ★ In diesem Kapitel hast du erfahren, wie du die richtigen Fragen stellst und deine Gewohnheiten nutzt, um deine Traumkarriere zu erschaffen – und warum es sich lohnt, dich unterstützen zu lassen. Die Frage ist nun:

**Welchen konkreten Schritt kannst du *jetzt* tun,
um dich in Richtung Traumkarriere zu bewegen?**

Praxisteil:
Folge Edison und schreibe
deine To-do-Liste aus dem Herzen

Jetzt hast du die Möglichkeit, nach Impulsien zu reisen, deine Intuition anzuzapfen und auf die Suche nach deinen ganz individuellen Antworten zu gehen. Nutze die Technik, die Edison die Erfindung des elektrischen Lichts gebracht hat, kommuniziere mit deinem unendlichen Potenzial und bediene dich danach dem Tuniversum. Lege so deine nächsten konkreten Schritte auf dem Weg zu deiner Traumkarriere fest. Denn ohne Handlungen keine Resultate.

Lies dir diese Anleitung erst einmal bis zum Schluss durch, bevor du sie Schritt für Schritt durcharbeitest.

1. Nimm dir dein Notizbuch zur Hand und schaffe eine Viertelstunde Raum und Zeit für dich.

2. Stelle dir nun die Frage, zu der du gern eine Antwort hättest. Eine gute Variante ist: „Was kann ich in den nächsten sieben Tagen tun, um meiner Traumkarriere einen Schritt näher zu kommen?"

3. Nun schreibst du alle Antworten auf, die dir in den Sinn kommen. Wichtig: Bewerte sie nicht. Schreibe wirklich *alle* Ideen auf – egal wie absurd sie erscheinen mögen. Erscheinen sie absurd, ist es das Quantenfeld, aus dem du sie schöpfst – denn dein Verstand hat diese für dich unlogischen Ideen nicht.

4. Notiere mindestens 30 Antworten. Warum? Die ersten Ideen sind die, die dir der Verstand anbietet, weil er es gewohnt ist, als Erstes zu antworten. Schließlich wird er sonst immer zuerst gefragt. Darum wird die Liste erst

richtig interessant, wenn der Verstand still ist und nichts mehr zu sagen hat. Ab dann schöpfst du aus dem Feld der unendlichen Möglichkeiten.

5. Wenn keine Ideen mehr fließen, schließe deine Liste.

6. Im nächsten Schritt gehst du die Ideen durch und achtest genau darauf, bei welchen von ihnen du die meiste Energie spürst. Deshalb ist es so wichtig, dass du dich für diese Übung komplett aus allen Ablenkungen herausziehst und nur bei dir bist.

7. Markiere die sieben Ideen, die dich am meisten anspringen (oder auch mehr, wenn du willst).

8. Terminiere in deinem Kalender ganz konkret, wann du welche Idee umsetzen willst. Schiebe den Termin nicht zu weit in die Zukunft, sonst wirst du sehr wahrscheinlich nie ins Tun kommen.

9. Setze die Ideen um.

10. Wiederhole diese Übung, wenn du alle ausgewählten Ideen umgesetzt hast.

Du kannst diese Ideenfindung für verschiedene Zeithorizonte nutzen. Täglich, wöchentlich, monatlich. Meine Empfehlung ist es jedoch, nicht mehr als für einen Monat zu sammeln, da du einen Monat später ganz andere Ideen gebrauchen kannst als heute.

Um die Wirkung dieser Übung noch zu potenzieren, kannst du sie auch zusammen mit deiner Mastermind-Gruppe ausführen. Dann stellst du eine konkrete Frage und lässt die anderen ebenfalls Ideen aufschreiben, die sie nachher mit dir teilen.

Es können die verrücktesten Ideen herauskommen. Es lohnt sich, darauf zu hören.

In einer Mastermind-Runde, von der eine meiner Coaches berichtet hat, benötigte ein Teilnehmer dringend eine bestimmte Geldsumme. Ein anderer Teilnehmer bekam die Idee, dass die Couch verrückt werden sollte. Eine im wahrsten Wortsinne „ver-rückte" Idee. Die Auflösung: Der Teilnehmer rückte die Couch weg und fand unter der Couch ein seltenes Zertifikat oder etwas Ähnliches, das er für ziemlich genau die Geldsumme verkaufen konnte, die er benötigte. Klingt eigenartig? Ist es nicht. Wir sind über das Quantenfeld alle miteinander verbunden.

Wenn Edison über diese Technik in seinem Schaukelstuhl sitzend die entscheidende Idee für das elektrische Licht bekam, steht wohl außer Frage, dass die unlogischen Dinge die sind, die die wahre Magie in unser Leben bringen. Deine Aufgabe ist, dieser Magie Raum zu geben – und danach auch zu handeln.

★★ **Für deine inspirierenden Abende: Ich habe im Online-Bonus meine ganz persönliche Lieblings-Auswahl an** Buch- und Videoempfehlungen für dich zusammengestellt: www.bettina-poehler.de/buch.

9

„UND AUF EINMAL FÜHLT SICH ALLES GANZ LEICHT AN!"

Deine neue Freiheit

„Du hast das Talent zum Glücklichsein." Das hat mir ein liebgewonnener Mensch einmal bescheinigt. Seit ich meinem Herzen und meiner Traumkarriere folge, darf dieses Talent endlich richtig raus und auch andere Menschen bewegen, die sich davon angesprochen fühlen.

Ich folge jetzt meinem inneren Ruf. Jeden Tag gehe ich ein Stück weiter. Das ist unglaublich befreiend. Natürlich gibt es trotzdem auch Tage, an denen es statt einem großen Sprung einfach nur ein Schrittchen voran geht. Oder auch mal einen Schritt zurück. Denn manchmal geht es auch darum, Anlauf zu nehmen – um danach umso weiter zu springen. Jedoch habe ich mein Ziel fest avisiert. Es gibt keinen Plan B. Ein Plan B ist nichts weiter als eine Ausrede.

Ohne meine Entscheidung, mich aus meiner Deckung und der Komfortzone zu wagen, wäre all das nie passiert. Ohne meine beiden Töchter hätte ich die dafür notwendigen Entscheidungen nie getroffen. Ich hätte die Reise zu meiner persönlichen Freiheit vielleicht nie angetreten.

Ich bin unfassbar dankbar, dass ich mich von meinem Bauchgefühl habe leiten lassen. Dass mein Mann und meine beiden Töchter da sind. Und dass ich mich auf meinen Weg gemacht habe. Er stellt mich immer wieder vor Herausforderungen. Doch genau die lassen mich wachsen. Das tut unfassbar gut. Hinter jedem weiteren Schritt verbirgt sich eine neue Erfahrung. Jede Erfahrung ist ein Geschenk. Mein Leben ist voller Geschenke. Jeden Tag.

Das ist auch für dich möglich. Wenn du deinen wahren Weg für dich wählst und deine Wegbegleiter mit Bedacht aussuchst. Wenn du deinen Mut zusammennimmst und dir selbst vertraust.

VERTRAUE DIR SELBST UND DEINE MÖGLICHKEITEN EXPLODIEREN

Wer bist du ohne deine Karriere? Wer bist du ohne dein Tun? Wer bist du ohne deine Wohnumgebung? Wer bist du ohne die Menschen, mit denen du dich umgibst? Wer bist du wirklich?

Die Antwort darauf liegt in dir selbst. Du findest sie dann, wenn deine Prägungen dir keine Geschichten mehr erzählen. Wenn deine Paradigmen dich nicht vollquatschen.

Du bist perfekt auf diese Welt gekommen, zum perfekten Zeitpunkt und mit den perfekten Fähigkeiten für deine Aufgabe hier auf der Welt. Das Universum hat dich ausgewählt, auf dieser Erde Erfahrungen zu machen. Du bist ein einzigartiges Wunder und dein Potenzial ist unerschöpflich.

Als Baby warst du einfach du. Reine Liebe. Genau das bist du immer noch. Mit all deinen Narben und Erfahrungen. Willst du deine neue Karriere erschaffen, die Karriere, die wirklich zu dir passt, dann folge der Freude. Du findest sie, wenn du deinem Potenzial entsprechend lebst. Denn das beinhaltet alles, was dir leichtfällt. Du hast alles für dein Leben mitbekommen, was es braucht, um ein für dich erfülltes Leben zu leben. Das Leben irrt sich nicht.

Also nutze dein unendliches Potenzial. Kommuniziere mit ihm, indem du dir Stille gönnst und den Augenblick der unendlichen Möglichkeiten genießt. Das Leben ist ein Spiegel deiner inneren Welt. Achte darauf, was es dir spiegelt – und lerne aus allem, was es dir offenbart.

Vertraust du dir, zeigt sich auch das Vertrauen in deinem Leben. Das Vertrauen in dich selbst ist essenziell, wenn du dir deine erfüllende Karriere erschaffen willst. Denn dein Vertrauen entspringt in dir selbst. Du brauchst nichts und niemanden. Du kannst es selbst generieren. Das heißt nicht, dass es immer einfach ist. Doch es ist immer möglich – unabhängig von den Umständen. Genau das macht dich mächtig. Dein Vertrauen in dich selbst ist deine Macht.

Willst du von innen heraus dein Leben gestalten, statt auf äußere Umstände zu reagieren, geht es nicht ohne dein „Selbst-Vertrauen". Dieses Urvertrauen bringt dich in die richtige Frequenz, mit der du die passenden Ideen und die Fülle für dein Leben wahrnehmen und letztlich anziehen kannst. Daher ist es so essenziell.

„Du kannst nie den Menschen bezwingen,
der niemals aufgibt."
Babe Ruth, Baseball-Spieler

Du hast jederzeit die Wahl, ob du die Angst wählst oder das Vertrauen. Für beides brauchst du Energie. Die Angst versetzt dich in den Überlebensmodus, der dir ständig signalisiert, bloß nichts zu ändern, weil der Status quo gerade sicher ist und dein Überleben ermöglicht. Doch du willst mehr als das blanke Überleben. Es gibt kein wildes Tier, das hinter der nächsten Ecke lauert und dein Leben bedroht.

Also lohnt es sich immer, das Vertrauen in dich selbst zu wählen. Es aktiviert deine Schöpferkraft und deine sechs intellektuellen Fähigkeiten. Es entsteht dort, wo du Schwierigkeiten meisterst.

Mache dir bewusst: Die Natur ist leicht und in höchstem Maße effizient in ihrer Kreation. Sie erschafft nichts, das nur in unlösbarer Komplexität erfolgreich ist. Was sich nicht bewährt, schafft sie ab. Du kannst also davon ausgehen, dass dein Leben nicht dazu gemacht ist, dass du hart arbeiten musst, um deine Ziele zu erreichen. Es darf leicht sein. Gleichzeitig funktioniert es auch nicht ohne jegliches Tun. Vertrauen in dich selbst und dann die Dinge tun, die sich in der Frequenz dieses Vertrauens richtig anfühlen: Das ist die Mischung für deinen Erfolg und deine Erfüllung.

Sobald es dir gelingt, auf dich selbst und deine Natur zu hören, achtest du auf deinen inneren Kompass. Und der ermöglicht dir sogar Quantensprünge. Das ist der Moment, in dem der sogenannte Flow eintritt. Der Moment, in dem du weniger tust – und damit mehr erreichst. Der Moment, in dem du einen Gang hochschaltest und langsamer trittst – und zugleich schneller vorankommst. Der Fluss deines Lebens.

Du agierst so, wie du gemeint bist und nutzt das Quantenfeld, um aus unendlich vielen Möglichkeiten auszuwählen. Du bist eine Welle im Quantenfeld und fließt. Deine Energie ist im Fluss. Panta rhei. Alles fließt.

Dazu eine Geschichte – adaptiert aus dem Persönlichkeits-entwicklungs-Buch „You^2" vom Psychologen Dr. Price Pritchett:

Bssss. Bssssss. Bssss. Eine Fliege sitzt auf der Fensterbank und ist gefangen. Das Fenster ist geschlossen. Sie fliegt immer und immer wieder vor die Scheibe. Bssssss. Bssssss. Bssss. Sie strengt sich an. Und strengt sich an. Doch die Lösung für ihr Problem liegt nicht darin, sich noch mehr anzustrengen.

Sondern sie liegt in einem anderen Weg. Denn wenige Meter weiter befindet sich eine Tür nach draußen, die sogar geöffnet ist. Nur wenige Sekunden, wenige Flügelschläge trennen die Fliege von ihrer Freiheit. Es gibt einen einfachen Weg. Eine neue Logik. Doch die Fliege ist verdammt. Sie fliegt immer und immer wieder mit noch mehr Anstrengung gegen die Scheibe. Der „Quantensprung" – mit weniger Anstrengung und einer neuen Logik zum Ziel – gelingt ihr nicht. Sie kämpft mit den Umständen, die sie wahrnimmt. Und übersieht dabei ihre einfache Möglichkeit, zum Ziel zu gelangen.

Genauso gibt es auch für dich jeden Tag Gelegenheiten, mit weniger Tun mehr zu erreichen. Harte Arbeit ist nicht mehr dein Schlüssel. Schließlich gibt es sie doch, die Menschen, die erfüllende Karrieren leben und ihr Leben wirklich genießen. Auch ihr Tag hat 86.400 Sekunden. Sie nutzen sie nur offenbar anders.

Auch du kannst das. Es geht darum zu fühlen, wer du bist. Wie einzigartig du bist. Dass du dir selbst vertrauen kannst und den Moment genießt. Denn er wird dir nur ein einziges Mal geschenkt. Wenn du Dinge tust, die du nicht so gerne tust, ist die Frage dahinter immer, *wie* du sie tust. Du kannst sie im Groll erledigen oder mit Anmut und gleichzeitig dankbar sein für das, was sie dir ermöglichen.

Vertraue dir selbst – und deine Möglichkeiten explodieren. Sobald du dir selbst vertraust, erkennst du deinen eigenen Weg. Denn er liegt allein in dir und deiner Einzigartigkeit. Er liegt in der Großartigkeit, die das Universum mitgegeben hat. Ja, es braucht Mut, ihn zu beschreiten. Doch mit jedem Schritt zeigt sich der nächste. Gleichzeitig gilt: Tust du nicht den ersten Schritt, kann sich auch der nächste nicht zeigen.

Mit jedem weiteren Schritt entfalten sich weitere Entscheidungsmöglichkeiten für dich. Jede Option wiederum ergibt zahlreiche weitere. So beschreitest du deinen Weg und jeden Tag ergeben sich neue Möglichkeiten. Bleibst du jedoch stehen, bleiben sie dir verborgen.

Also: Hole es heraus, das bedingungslose Vertrauen in dich selbst. Denn: Wer außer dir soll deinen Weg gehen? Wer soll dir vertrauen, wenn du es selbst nicht tust?

Wenn du es noch nicht fühlst: Ich leihe dir mein Vertrauen in dich als Mentorin. Weil ich weiß, dass du richtig bist, wie du bist. Denn du bist exakt so hierhergekommen, wie du gemeint bist, um Erfahrungen zu sammeln. Du kannst nichts falsch machen.

DU BIST EIN UNIKAT: MACHE DEINE TALENTE GROß

Du hast Talente, die einzigartig wie dein Fingerabdruck sind. Du bist in einigen Dingen und deren Kombination besser als *alle* anderen Menschen auf der Welt. Du bist ein Unikat. Es gab dich so noch nie – und es wird dich so nie mehr geben.

Kein anderer Mensch wurde zum selben Zeitpunkt am selben Ort mit denselben Fähigkeiten geboren. Dein Bauplan ist ein einzigartiger Code. Zum exakten Zeitpunkt deiner Geburt standen die Sterne und Planeten an deinem Geburtsort in einer ganz bestimmten Konstellation und haben dir damit eine ganz bestimmte Universums-Energie mitgegeben.

Vergräbst du deine Talente und förderst sie nicht, ist dir das Mittelmaß sicher.

Du wurdest aus der reinen Liebe heraus geboren: der Liebe des Universums zu dir. Du konntest dich selbst nicht gebären, genauso wenig wie du dich selbst entscheiden kannst zu atmen. Das

Leben atmet dich. Es ist dein Abenteuer, das du geschenkt bekommen hast, um Erleben zu sammeln.

Mache dir bewusst: Du bist weder Robert Redford noch Michael Jackson. Du bist nicht der Dalai Lama oder Mutter Theresa. Du bist nicht Marie Curie oder Albert Einstein. Doch du bist genauso einzigartig. Du hast etwas, was all diese Menschen und alle anderen nicht haben. So wie du ist niemand anders auf der Welt.

Es liegt an dir, herauszufinden, was die wahren Talente sind, die in dir schlummern, und was dir wirklich Freude bereitet. Denn das ist deine einzige Aufgabe in diesem Leben: es mit jeder Faser deines Körpers zu genießen und immer weiter zu wachsen.

Du wirst zur besten Version von dir selbst, wenn du dich mit niemandem vergleichst außer mit deinem Ich von gestern. Wenn du tust, was dir wirklich entspricht. Wenn du dich nicht zwingst, Dinge zu tun, sondern deiner Natur zu folgen. Wenn du in Leichtigkeit deine Tage erlebst, sodass du Zeit und Raum vergisst.

Dazu gehört auf jeden Fall das Tun. Denn ohne Tun keine Ergebnisse. Vergräbst du deine Talente und förderst sie nicht, ist dir das Mittelmaß sicher. Legst du sie hingegen frei und nutzt sie jeden Tag mit Freude, steht dir das ganze Universum offen.

Tu, was du wirklich liebst, und du wirst nie wieder arbeiten müssen. Tu, was du wirklich liebst, und du wirst damit emotional und monetär reich werden, weil du unschlagbar gut darin bist und gar nicht aufhören möchtest, es zu tun. Tu, was du wirklich liebst, und du bist konkurrenzlos. Weil niemand dein Set an Talenten exakt so verkörpert, wie du selbst. Tu, was du liebst – und du erfüllst dich selbst mit Leben. Das ist deine wahre Berufung.

BREITE DEINE FLÜGEL AUS:
RAUS AUS DEM KÄFIG, REIN INS UNIVERSUM

Kurz vor dem Ausscheiden aus meinem Führungsjob und dem Sprung in die Selbstständigkeit hatte ich ein Training, in dem ich mich vorstellen sollte. „Ich bin die, die den Job aufgibt, den viele meiner ehemaligen Chefs gerne hätten. Ein toller Job mit Gestaltungsmöglichkeiten und netten Menschen. In diesem Job bin ich wie ein Vogel in einer schönen Volière. Aber jetzt muss ich raus. Ich will keine Volière mehr. Ich will das ganze Universum."

Der einzige Job, den du wirklich im Leben
hast, ist der, es mit Leben zu füllen.
In diesem Moment.

Heute weiß ich: Ich *bin* das ganze Universum.
Noch viel wichtiger: *Du* bist es auch! Der Unterschied zwischen denjenigen, die das spüren und danach ihr Leben und ihre Karriere gestalten, und denjenigen, die es nicht tun, ist nur eins: eine Entscheidung. Du erinnerst dich? Dein Leben ist das Ergebnis deiner Entscheidungen.

Deshalb geht es jetzt für dich darum, deinen eigenen Weg zu wählen und in dein wahres Leben zu springen. Das bedeutet in der Konsequenz, all das loszulassen, was dir nicht entspricht. Das ist das, was in dir Ängste hervorrufen wird. Doch da, wo deine größte Angst sitzt, wartet dein Weg in dein erfülltes Leben.

Ein sehr geschätzter ehemaliger Kollege hat mir aus der Rente heraus zu meinem Schritt in die Selbstständigkeit gratuliert mit den Worten: „Ein Schritt, den ich nie gewagt habe. Der goldene Käfig war einfach zu reizvoll." Wie kann das sein? Wie kann es sein, dass ein hochqualifizierter, gestandener Mann mit einem

Rückgrat, wie ich es in meiner Zeit als Angestellte selten erlebt habe, einen Käfig seiner Freiheit vorzieht? Mangelndes Vertrauen in die wahre Größe? Unkenntnis über die Gesetzmäßigkeiten des Universums? Oder einfach ein anderer Plan vom Leben? So oder so: Es war seine Wahl. Was ist deine?

Was wählst du für dich? Deinen goldenen Käfig, deine Volière oder dein Universum? Was entspricht dir wirklich? Wer willst du wirklich sein? Wie willst du deine einzigartigen Talente und Fähigkeiten, deine Begeisterungsfähigkeit und dein Herz in die Welt tragen? Wie willst du Sinn stiften? Wie willst du deine Tage mit Leben füllen? Was machst du mit jeder einzelnen deiner 86.400 Sekunden jeden Tag?

Springe für deine Ziele. Springe für dich selbst und dein Leben. Wann immer dich Zweifel, Sorgen oder Ängste plagen, mache dir bewusst: Du hast Flügel, die dich tragen. Wenn du willst, hast du jede Unterstützung, die du brauchst. Das Universum gehört dir.

Der einzige Job, den du wirklich auf dieser Welt hast, ist der, dein Leben mit Leben zu füllen, für dich selbst bestmöglich zu sorgen und glücklich zu sein. Jetzt. In *diesem* Moment.

Eines Tages wirst du genau wie ich zurückblicken und dir sagen: „Ich erinnere mich noch genau an den Tag, an dem ich mir die Frage nach dem Sinn in meinem Alltag gestellt habe ... Und auf einmal bin ich einfach losgeflogen – in mein eigenes Universum."

ZUSAMMENFASSUNG

★★
★ Du hast in diesem Kapitel erfahren, wie wichtig dein Vertrauen in dich selbst ist – und wie einzigartig du mit all deinen Fähigkeiten und Talenten bist.

GESAMT-ZUSAMMENFASSUNG

 Du hast dich in diesem Buch Schritt für Schritt selbst reflektiert.

1. Du hast herausgefunden, wo du aktuell stehst und was du nicht mehr willst.
2. Du hast dich daran erinnert, wer du wirklich bist.
3. Du hast dein Zielbild für dein Leben und deine Karriere entwickelt.
4. Du hast dich mit deinen Ängsten, Sorgen und Zweifeln auseinandergesetzt und erfahren, welchen Zweck sie erfüllen, damit du sie für dich annehmen und überwinden kannst.
5. Du hast schlaglichtartig Einblicke in wissenschaftliche Hintergründe und die Gesetze des Universums erhalten, mit deren Hilfe du dich und dein Bewusstsein ins große Ganze einordnen kannst.
6. Du hast erfahren, welche Rolle eine entschiedene Entscheidung für deine erfüllte Karriere spielt.
7. Du hast deinen gewünschten beruflichen Kontext und deinen Karriereplan entwickelt.
8. Du hast deine nächsten konkreten Schritte definiert.
9. Nun geht es darum, dir selbst zu vertrauen und tatsächlich in deine erfüllte Karriere zu starten.

Bist du bereit, deine Vereinbarung mit dir selbst zu unterzeichnen und loszugehen für deine Karriere, die zu deinem Leben passt, damit du dein Leben nicht länger der Karriere anpasst?

PRAXISTEIL:
UNTERZEICHNE DEINE VEREINBARUNG
MIT DIR SELBST

Jetzt ist es Zeit für dein Versprechen an dich selbst. Nimm dir dazu ein leeres Blatt Papier zur Hand und triff eine Vereinbarung mit dir selbst. Wenn dir noch zusätzliche Formulierungen einfallen, die spezifisch sind für deinen Weg, setze sie einfach ein. Formuliere auch gern um, damit dieses Versprechen auch deine Sprache trifft und du dich darin wiederfindest.

Nachdem du die Vereinbarung unterzeichnet hast, hänge sie an einem Ort auf, an dem du ihr immer wieder begegnest. Das erinnert dich wiederholt daran, wofür du in deinem Leben angetreten bist. Durch die Wiederholung kann deine Vereinbarung in dein Unterbewusstsein sickern und dich so dabei unterstützen, deine Traumkarriere zu erschaffen, deine Vision zu verwirklichen, deine Ziele zu erreichen.

Diese Vereinbarung ist eine liebevolle Erinnerung an dich selbst, wie du das Geschenk nutzt, das dir das Leben jeden Tag aufs Neue schenkt: deinen neuen Tag, den nur du zum Tag deines Lebens machen kannst.

MEINE ERFÜLLTE KARRIERE

„Ich, (Name), entscheide mich *jetzt*, meinen eigenen Weg zu gehen, meine Traumkarriere zu erschaffen und endlich unendlich erfüllt zu sein. Ich entscheide mich für die Karriere meines Lebens. Dafür bin ich bereit, jeden Tag alles zu geben – und alle Geschenke und Wunder zu sehen und anzunehmen, die mir das Universum auf meinem Weg bietet.

Kein Zweifel kann mich je davon abhalten, keine Sorge kann mich je aufhalten, keine Angst kann größer sein als mein Mut und meine Entschlossenheit für meinen Weg. Weil mein Leben und meine Entscheidungen allein mir gehören.

Wenn ich doch mal zweifle, dann weiß ich, ich bin auf dem richtigen Weg. Denn dort, wo meine Zweifel beginnen, beginnt das Universum. Im Universum liegt die Verwirklichung meiner Vision.

Ich glaube an mich. Ich glaube an meinen Weg. Ich glaube an mein unendlich erfülltes Leben.

(Ort, Datum, Unterschrift)

QUELLENVERZEICHNIS

Kapitel 1

- Wiwo.de, Jens Tönnesmann: *„Ernst Pöppel im Interview: Die Beamten im Kopf"* – 7. Juli 2008, https://www.wiwo.de/erfolg/trends/ernst-poeppel-im-interview-die-beamten-im-kopf/5446616.html
- Ernst Pöppel: *„Zum Entscheiden geboren. Hirnforschung für Manager"*, Hanser 2008.

Kapitel 2

- Huffpost: *„The Innate Genius Of Baby Brains"*, Dr. Jane G. Goldberg, Psychoanalytikerin, https://bit.ly/3tGXz7F
- Maxwell Maltz: *„Psycho Cybernetics"*, Pocket Books 1969.

Kapitel 4

- *„The Secret to think and grow rich revealed"*, YouTube, Proctor Gallagher Institute, 12.4.2019, https://www.youtube.com/watch?v=cU-_vjDssVA.

Kapitel 5

- *„David R. Hawkins: Die Bewusstseinsebenen"*, Wikipedia, Stand 17.4.2021, https://de.wikipedia.org/wiki/David_R._Hawkins.
- „Beobachtung beeinflusst Wirklichkeit", Informationsdienst Wissenschaft (idw), 26.2.1998, https://idw-online.de/de/news391
- *„Quantenfelder: Die wirklichen Bausteine des Universums - mit David Tong"*, YouTube, The Royal Institution, 15.2.2017; Diskurs mit David Tong,

Professor der theoretischen Physik, Universität Cambridge, https://www.youtube.com/watch?v=zNVQfWC_evg.

- *„Die Quantenphysik beweist das Unvorstellbare"*, YouTube, MysterienWelt, 8.8.2020, https://www.youtube.com/watch?v=0NRqw0sIwiY.
- *„Bewusstsein und Quantenphysik Doku HD"*, YouTube, Doku Spezial, 29.10.2018, https://www.youtube.com/watch?v=39LAy9h5EMc.
- *„Von Null Ahnung zu etwas Quantenphysik von Vera F. Birkenbihl"*, YouTube, Maxime der Weisheit, 13.9.2020, https://www.youtube.com/watch?v=MkvNkicnAhk.
- *„Max Planck zum Thema Gott und Naturwissenschaft: Ein paar Zitate von Max Planck mit Anmerkungen von Wolf-Ekkehard Lönnig"* Zitatquelle demnach: Archiv zur Geschichte der Max-Planck-Gesellschaft, Abt. Va, Rep. 11 Planck, Nr. 1797), http://www.weloennig.de/MaxPlanck.html
- *„Die Regeln für dein glückliches Leben | Dr. Joe Dispenza (deutsch)"*, YouTube, Younity, 24.8.2018, https://www.youtube.com/watch?v=8WXrEdGBy0k.
- Dr. Christof Niederwieser, Astrologie und Prognostik: *„Unsere Zukunft 2020-2050"*, Blogbeitrag 8. März 2019, https://astro-management.com/unsere-zukunft-2020-2050/.
- *„Astrologische Trends 2020 - 2050: Der Schlüssel zur Macht (Astrologie & Zukunftsforschung)"*, YouTube, Dr. Christof Niederwieser, 1.4.2019, https://www.youtube.com/watch?v=I_hc2R6EoQI.
- *„Corona-Krise – Auftakt einer neuen Ära (Astrologie & Zukunftsforschung)"*, YouTube, Dr. Christof Niederwieser, 23.3.2020, https://www.youtube.com/watch?v=xsJft_g_mJ8.
- Allan und Barbara Pease: *„Warum Männer nicht zuhören und Frauen schlecht einparken"*, Ullstein 2010.

- Vera F. Birkenbihl: „*Männer – Frauen: Typisch Mann – typisch Frau*", Birkenbihl Personal Edition, DVD 2009-2010.
- Vera F. Birkenbihl: „*Männer – Frauen: Wie es dazu kam, dass alle Welt glaubt, Männer und Frauen seien gleich – und weshalb das nicht stimmt!*", Walhalla Metropolitan, DVD 2005.
- Vera F. Birkenbihl: „*Männer – Frauen: Mehr als der sogenannte kleine Unterschied*", Best Entertainment AG, DVD 2008.
- John Gray: „*Männer sind anders. Frauen auch.*" Goldmann 1993.
- Louann Brizendine: „*Das weibliche Gehirn*", Goldmann 2008.
- Peter Modler: „*Das Arroganzprinzip*", Krüger 2011.

Kapitel 6

- Napoleon Hill, „*Die deutsche Ausgabe von Think and grow rich*", Finanzbuchverlag FBV, 7. Auflage 2019, erste Originalausgabe 1937.
- „*President Kennedy's Speech at Rice University*" – „On Sept. 12, 1962, President John F. Kennedy announced that the United States would land men on the moon.", YouTube, NASA Video, 19.5.2013, https://www.youtube.com/watch?v=WZyRbnpGyzQ.

Kapitel 9

- Price Pritchett, Ph. D: „*You^2 – a High-Velocity Formula for Multiplying your Personal Effectiveness in Quantum Leaps*", Pritchettnet.com.

DANK AUS DEM HERZEN

Ich danke meinem wundervollen Mann, der mich auf meinem Weg begleitet und an meiner Seite mit mir wächst. Meinen Eltern, die mir einen tollen Start auf dieser Welt ermöglicht haben. Meinem Bruder, mit dem ich sehr verbunden bin. Allen lieben Menschen in Familie und Freundeskreis, die sich von meiner Begeisterung mitreißen lassen. Und allen Mentoren und Mastermind-Kollegen, die dieselbe Vision im Herzen tragen wie ich: die Welt gemeinsam, bewusst und aus der Liebe heraus ein gutes Stückchen besser zu machen.

BETTINA ⬛ PÖHLER

DEINE MENTORIN
FÜR DEINE TRAUMKARRIERE

Schluss mit: „Das haben wir immer schon so gemacht!"

Bist du Führungsfrau in einer Männerdomäne und willst endlich allen zeigen, was wirklich in dir steckt? Hast du es satt, ständig ausgebremst zu werden und deinen Frust mit nach Hause zu schleppen? Willst du stattdessen die Karriere gestalten, die dich wirklich erfüllt? Willst du im Sinne der Sache arbeiten, anstatt sich an Hierarchien zu orientieren – egal ob es sinnvoll ist oder nicht?

Finde mit mir den Job als Führungsfrau, der zu deinem Leben passt – anstatt dein Leben dem Job anzupassen!

Ich bin gern deine Mentorin.

Buche dir dein kostenfreies Gespräch und finde mit mir heraus, wohin du wirklich willst und welchen ersten Schritt du *jetzt* tun kannst.

www.bettina-poehler.de